OXO
미래조직의 기업문화와 역할조직이 **일하는 방식**

PLAY BOOK

옥소 플레이북

유호현 지음 채민재 편저

이야기
나무

차 례

차 례

실리콘밸리에서 바라본 대한민국은 그곳에 살고 있을 때와 참 달랐다. 밖에서 본 대한민국은 빠르게 발전하는 사회였으며, 세계 최고의 문화를 만들어가고 있었다. 하지만 너무 빠르게 변하다 보니 한 사람이 평생 한 번 바꾸기도 어려운 가치관을 계속 바꿔야 했고 기업문화나 교육, 정치문화, 가정문화 등의 가치가 대한민국의 새로운 위상을 따라가지 못하고 있었다.

실리콘밸리에 살면서 우리나라 사람들이 어떻게 하면 더 행복하게 살 수 있을지에 대해 많은 고민을 했다. 왜 그렇게 고민을 했는지 잘 모르겠지만, 여러 문제에 대해 해결책을 알고 고민해 온 인문학 전공자라면 필연적으로 해야 할 일처럼 느껴졌다. 마치 엔지니어가 세상을 바꾸는 소프트웨어를 내는 것이 당연한 일이듯.

고민 끝에 모든 변화의 시작으로 정한 지점은 기업문화였다. 흔히들 기업이 가장 빨리 변한다고 하지만, 내가 보기에 우리나라에서 정치보다 느리게 변화해온 것이 기업문화인 것 같다. 정치는 우여곡절 끝에 왕정에서 완전한 민주정까지 이양되어 왔지만, 기업은 근본적으로 대표자가 모든 결정을 내리고 책임을 지는, 왕정과 같은 형태에서 많이 벗어나지 못했다. 우리나라에 있을 때는 나 역시 '기업은 당연히 그래야 한다'고 생각했지만 실리콘밸리에서 민주화된 회사들을 경험하며 우리나라에 민주화된 기업문화를 만드는 것이 너무나 중요하다는 것을 깨달았다.

민주화된 기업문화는 민주화된 인재를 요구하고, 그러면 학교 교육부터 가정문화까지 자연스럽게 변화할 것이다. 학교 교육은 민주화된 기업에 어울리는 인재들을 육성하기 위해 노력할 것이며, 가정에서도 윗사람 말 잘 듣는 사람보다 회사를 성공시키겠다는 뚜렷한 목적의식을 갖고 유연하게 생각하는 사람이 되라고 말하게 될 것이다. 이러한 분위기 아래 정치는 다양한 문화를 가진 기업들을 위해 유연한 규제를 만들고, 이는 국가적 혁신으로 이어질 것이다.

머나먼 실리콘밸리 방구석에서 혼자 이런 고민을 하다 옥소폴리틱스를 창업하게 되었다. 목표를 함께하는 인재들이 모여 가정과 일을 균형 있게 즐기며 전문가로서 일하는 가운데, 자신의 삶의 미션과 회사의 미션의 조화를 이루는 기업. 우리나라에서는 이상적으로 보였지만 실리콘밸리에서 회사 생활을 통해 체험했던 자유롭고 효율적인 기업을 우리나라에 세우고 이를 통해 한국의 기업문화와 정치문화를 바꾸고 싶었다.

너무나도 허황된 생각이지만 그 꿈에 이끌려 옥소폴리틱스라는 회사와 함께하는 팀원들이 생겼고, 함께 일하며 이야기하고, 때론 헤어지기도 하면서 지난 3년 동안 세계 여러 도시에서 100% 원격으로 일하는, 하지만 정말 효율적이고 빠르게 돌아가는 회사를 만들었다. 그동안 가장 힘든 일은 내 말을 잘 듣고 싶어하는 팀원들에게 전문성을 살려서 스스로 결정하도록 만드는 일이었다. 그리고 설득의 노하우를 이 책에 담았다.

옥소폴리틱스는 빠르다. 하지만 근무시간 제한도, 휴가 제한도 없다. 프리라이더도 없다. 회사가 직원의 건강을 챙겨주진 않는다. 그것은 전문가가 스스로 해야 할 일이다. 그러나 내 건강과 시간을 챙길 수 있고, 가족과 함께 할 수 있는 시스템을 만들어 회사가 전문가답게 일할 수 있는 곳이 될 수 있도록 만들어가고 있다.

나는 우리나라 모든 기업들이 옥소폴리틱스보다 나은 문화를 가졌으면 좋겠다. 실리콘밸리는 오직 한 문화가 있는 곳이 아니다. 서로 참고하고, 새로운 문화를 만들면서 수많은 기업이 다양한 문화를 가지고 있다. 한 시대나 기술, 유행과 상황은 계속 바뀌기에 하나의 좋은 문화란 것은 존재하지 않는다. 끊임없이 변화하며 회사의 미션을 위해 최적의 길을 찾아가는 여정이 기업문화라고 생각한다. 이 책이 그 생각의 씨앗이 되었으면 좋겠다.

2023년 4월, 팔로알토에서 유호현

Prologue.

모두가
다르게 이해하는
기업문화 이야기

Prologue.

01 다양성이 경쟁력인 실리콘밸리의 문화

　제가 실리콘밸리에서 경험했던 기업문화는 참 좋았습니다. 자유로우면서도 치열한 경쟁이 있었습니다. 하지만 그 경쟁은 모두가 하나의 목표를 향해 달려가기보다 자신의 영역에서 최고가 되기 위한 것이었고, 한 영역에서 최고가 되기 위한 경쟁이 아니라 무수히 많은 영역에서 자신만의 자리를 찾는 경쟁이었습니다. 소프트웨어 엔지니어라고 해서 다 같은 목표를 향해 경쟁하는 것이 아니었습니다. 프론트엔드, 백엔드, 테스팅, 블록체인, 데이터 등 수많은 영역에서 경쟁이 이루어지고 있었으며, 그 안에서도 다양한 브랜딩이 가능했습니다.

　실리콘밸리 엔지니어 시장에 갓 진입했을 때, 제 브랜드는 이러했습니다.

'인문학을 전공하여 사용자 입장에서 접근하는 자연 언어 처리와 검색 전문 백엔드 엔지니어'

　하지만 엔지니어로서의 커리어를 마칠 때, 제 브랜드는 이러했습니다.

모두가 다르게 이해하는 기업문화 이야기

'1초에 수만 번의 거래도 감당하는 기업의 백엔드를 안정적으로 만들 수 있는 트위터, 에어비앤비 출신의 백엔드 엔지니어'

저는 실리콘밸리에서 상위 몇 %에 드는 엔지니어였을까요? 그건 아무도 모릅니다. 알아도 의미가 없습니다. 저는 '리액트에 뛰어난 프론트엔드 엔지니어'와 경쟁할 수 없습니다. 저는 '하드웨어를 위한 소프트웨어를 다루는 엔지니어'와 경쟁할 수 없습니다. 어떤 획일화된 기준으로 서로 다른 능력을 서열화하는 것은 큰 의미가 없고 현실을 왜곡하는 경우가 많습니다.

02 표준화의 시대에서 다양성의 시대로 발전해가는 대한민국

산업화가 급속하게 이루어지는 사회에서는 표준화된 인재들이 필요합니다. 여기서 필요로 하는 표준화된 산업 역군은 일을 빠르게 하고 체력도 좋으며, 말도 잘 알아듣는데 성실하기까지 한 사람입니다. 그리고 이런 사람들을 대규모로 생산하는 곳이 20세기의 학교였습니다. 교육 기관에서는 이상적인 인간상을 정해 두고 얼마나 그 인간상에 가까운지 점수를 매겨 표준화했습니다. 이러한 시스템은 개발도상국의 성장에 매우 효과적이었습니다.

이제 대한민국은 선진국이 되었습니다. 표준화된 인재가 필요한 사회에서는 등수가 중요했지만 지금은 다른 것들이 더 중요합니다. '당신은 무엇을 하는 사람입니까?', 즉 학교에서의 등수보다 어떻게 사회에 기여하고, 어떻게 가치를 창출해 돈을 버는 사람인지가 중요합니다.

이제 대한민국은 세계에서 몇 등인지보다 어떤 나라인지 질문해야 합니다. 세계 10위권 수출 대국이 아니라 'BTS'가 있고, '오징어 게임'을 만드는 나라라는 것이 더 중요해졌습니다. 전 세계 수많은 선진국 중에서 우리의 브랜드가 무엇인지를 아는 것이 핵심인 것입니다.

03 자아실현을 위해 일하는 사람과 생존을 위해 일하는 사람

실리콘밸리에서 경험한 다양성의 문화를 대한민국의 기업, 정치, 문화에 접목하는 것은 제 삶의 미션이 되었습니다. 산업화 시대에는 어느 기업에서나 쓸 수 있는, 표준화된 능력을 갖춘 사람들이 많아야 하지만 선진국에서는 다양성이 경쟁력입니다. 이전과 같은 기업, 정치 문화로는 더 이상 개인과 기업, 국가도 뛰어난 성과를 내기 어렵기 때문입니다. 혁신을 이루고 전 세계 산업을 이끌기 위해서는 새로운 생각을 하는 사람들이 많아야 합니다.

저는 기업문화에 있어 다양성의 경쟁력을 소개하기 위해, 『이기적 직원들이 만드는 최고의 회사』라는 책을 펴내고 '역할조직'이라는 모델을 포함해 많은 이야기들을 했습니다. 그런데 여러 강연을 하고 독자들과 대화하며 느낀 점은 '가치관과 환경이 다른 사람들은 같은 말을 정말 다르게 받아들인다'는 것입니다.

자신만의 꿈이 없고 오직 생존을 위해서 일을 하는 사람에게 노동은 괴로움입니다. 자아실현보다 회사 내 생존이 중요한 사람들에게는 최대한 일을 적게 하고 돈을 받는 것이 가장 지혜로운 직장생활이 됩니다. 그런 사람들에게 남들이 뛰는 것보다 한 발 더 뛰는 것은 착하고 순진한 사람들이나 하는 쓸데없는 짓입니다. 그런 선수들과 함께 일하는 감독은 각 선수에게 얼마나 멋진 미래가 있는지를 이야기해주기보다 누가 느리게 뛰는지, 누가 성실하지 않은지, 누가 충성심이 없는지 늘 감시하게 됩니다. 그리고 선수들은 커리어를 위해 열심히 뛰기보다 최대한 감독의 눈을 피해 쉬려고 노력하게 됩니다. 일은 손해, 놀면 이득인 것입니다.

자아실현을 하기 위해서 사는 사람에게 일은 자신의 꿈을 이루기 위한 과정이며 수단입니다. 일을 통해 경험을 얻고 배우며, 경제적으로 자립해 나중에 자신이 진짜 하고 싶은 것을 향해 한 걸음씩 나아가는 수단입니다. 자아실현의 꿈을 가진 사람에게 성실하게 일하지 않고 게으르게 있는 것은 손해입니다. 최고의 선수가 되고 싶은 꿈을 가진 선수가 연습을 게을리하고, 경기장에서 힘들다고 천천히 뛴다면 팀의 손해는 말할 것도 없이 가장 큰 손해를 보는 사람은 본인일 것입니다. 한 걸음 더 뛰면 연봉이 몇 배로 오르고 다른 명문팀에서 나를 영입할 거라고 기대할 때, 게으르게 있는 것은 바보 같은 일이 됩니다. 그렇게 생각하면 휴식까지도 최고의 퍼포먼스를 내기 위한 수단으로 활용됩니다. 노는 것 자체가 목적이 되지 않습니다.

04 같은 말도 다르게 해석할 수 있습니다

'우리 회사는 워라밸을 최우선에 둡니다'

이 말에 대해 자아실현을 위해 일하는 직원과 생존을 위해 일하는 직원은 전혀 다른 해석을 합니다. 자아실현을 위해 일하는 사람들에게 휴식은 매우 중요합니다. 휴식 없이 계속 달리다 보면 부상을 입을 수 있고 업계에 돌아오지 못할 수도 있기 때문입니다. 휴식을 자유롭게 활용하는 것은 일의 성과에 큰 도움을 줍니다. 이러한 사람은 위 문장을 이렇게 해석합니다.

'우린 당신을 100% 신뢰하며 당신의 꿈을 이루기 위한 여정을 응원합니다. 휴식할 때 회사의 눈치를 볼 필요가 없습니다'

반대로 생존을 위해 일하는 사람에게 휴식은 삶의 궁극적 목표입니다. 가장 좋은 생존은 편안하게 놀면서 하는 것이기 때문입니다. 최대한 내 스킬을 활용하면서 최대한의 가치를 만드는 것과는 전혀 다릅니다. 이러한 사람은 위의 문장을 다음과 같이 해석할 것입니다.

'우린 강도 높은 노동을 시키지 않습니다. 다른 회사에 비해 80%만 노동하고 100%의 월급을 받아 가세요'

05 인터뷰에 참여한 옥소폴리틱스 멤버 소개

호현 님: 트위터와 에어비앤비에서 일하면서 권위에 의존하지 않으며, 데이터에 기반한 의사결정을 한국 정치에 접목시키고 싶은 생각이 들었고, 사이드 프로젝트로 옥소폴리틱스를 만들었습니다. 그러다 찬현 님과 함께 프로젝트를 발전시켰고 투자를 받아 창업을 하게 되었습니다.

아... 어쩌다 여기까지 왔는지.

찬현 님: 느긋하고 편안한 하마 부족입니다. 2020년에 호현 님 집에 놀러가 초창기 옥소폴리틱스의 디자인을 지적했다가 끌려들어왔어요.

옥소를 하다보니 투자 IR과 비즈니스를 하게 되었고

옥소를 하다보니 디자인을 하게 되었고

옥소를 하다보니 마케팅을 하게 되었고

옥소를 하다보니 HR을 하게 되었고

옥소를 하다보니 리액트과 플러터 코딩을 하게 되었고

옥소를 하다보니...

형지 님: 옥소폴리틱스의 동물들을 같이 고민하다가 눈을 떠보니 정치에 관심도 없고 지식도 없는 사람이 정치 플랫폼을 디자인하고 있었습니다. 동물 그림을 그리면서 떠올랐던 많은 몽실몽실한 아이디어들을 더욱 구체화하며 옥소의 미래를 그려보는 사람이 되고 있습니다.

진실 님: 쉬지 않고 사람을 만나는 건 조금 피곤하지만, 사람들이 무슨 생각을 갖고 있는지는 늘 궁금해요. 콘텐츠를 통해 사람들과 소통하는 기획자로 지금은 옥소폴리틱스라는 '다양한 생각의 숲(팀 미션)'에서 사람들의 생각이 어우러지고 자라나도록 빛, 물, 바람을 불어넣고 있습니다. 제 캐릭터는 사람들과 셀카를 찍는 동물로 유명한 쿼카입니다. 쿼카의 별명이 '세상에서 가장 행복한 동물'이라는데... 아직 가장 행복한 사람은 아니지만 하루하루 소소한 행복을 찾으려 노력하고 있어요. 커피타임 신청은 언제나 환영입니다!

한별 님: 옥소폴리틱스의 프론트엔드를 담당하고 있어요. 정치에 문외한인 '정린이' 유저로 옥소를 베타 시절부터 사용했는데 정신을 차려보니 옥소를 만들고 있네요. 애자일한 개발속도 안에서 매일 허둥지둥하지만, 점점 아름다워지는 UI처럼 코딩 능력도 발전하고 있어요. 옥소 개발팀의 스택과 프로세스를 더 탄탄하게 만드는 것에 관심이 있고 야구와 커피, 영화, 온갖 종류의 병맛을 사랑합니다. 웃긴 밈이 있다면 언제든 알려주세요.

윤하 님: 낮을 가리지는 않지만, 혼자 있는 시간을 정말 사랑하는 E면서 I 랄까요. 프로젝트의 마지막을 점검하는 역할도 좋아하고 프로젝트의 시작을 여는 역할도 좋아하는데, 옥소폴리틱스는 제가 하고 싶은 일들을 맘껏 할 수 있도록 해주고 있어요. 옥소는 기업의 성장이 결국 개인의 성장으로 이어질 수 있는 곳이기에 함께하고자 했고 지금도 함께 성장하고 있습니다.

대우 님: 옥소폴리틱스에서 CTO로 일했고, 지금은 옥소를 '졸업'했습니다. 저는 개발을 할 때 다른 생각을 하지 않게 되어 '개발' 업무를 좋아합니다. 몰입감을 느끼죠. '아침 9시에 코딩을 시작했는데, 정신이 들어보니 6시네? 퇴근 시간이야' 저는 이런 느낌이 세상에서 제일 행복하거든요. 완전히 무아지경에 빠져서 할 수 있는 게 저에게는 코딩인 거죠. 그래서 코딩할 때는 다른 스트레스 없이 그냥 막 빠져들어요.

Chapter 1.

옥소폴리틱스의
존재 이유

옥소폴리틱스의
존재 이유

01
옥소폴리틱스에 오신 것을
환영합니다

출판과 강연은 기업에 다양성의 가치를 전달하기 위해 효과적인 수단이었습니다. 반면 국가에 다양성의 가치를 전달하는 것은 이와 달라야 했습니다. 다양성의 정치에 대해 책을 쓰는 것은 인기도 없고 정치인들이나 시민들에게 강연을 한다고 치열한 정치 현장에서 받아들여질 것 같지도 않았습니다. 그래서 우리나라 사람들이 얼마나 다양한 정치적 입장을 가지고 있는지를 데이터로 보여주기로 했습니다. 그것이 바로 '세계 최초의 소셜 정치 데이터 플랫폼' 옥소폴리틱스입니다.

누구도 가보지 않은 길을 가기 위해서는 기존의 기업들과는 다른 조직과 접근이 필요했습니다. 목적지가 명확하지 않은 비포장도로에서 과속을 한다면 비효율을 넘어 생존에 위협이 됩니다. 빠른 속도로 달리다 갑자기 앞에 절벽이 나타난다면 그 여행은 그대로 끝납니다. 또 빠른 속도로 달리다 잘못된 방향이었다는 것을 알게 된다면 손실을 감수하고 방향을 틀어 원점으로 돌아와야 합니다. 그래서 고속으로 직진하는 데 최적화된 위계조직은 혁신을 만드는 사업에 비효율적입니다.

그래서 옥소폴리틱스는 『이기적 직원들이 만드는 최고의 회사』에서 소개한 역할조직의 모습 이상으로 유연하고 미션에 충실한 기업이 되어야 했습니다. 마치 화성을 탐험하는 사람들처럼, 모두가 미션을 인지하고 자신의 역할을 충분히 이해함과 동시에 자신의 역할을 늘 바꿔가며 최적의 역할을 찾아야 합니다.

역할조직에는 의사결정을 할 때, 각 역할을 맡은 사람들의 전문적인 의견이 중요합니다. 엔지니어, 마케터, 디자이너, 변호사, 경영 전문가 등이 모여 끊임없이 실험하고 토론하면서 최적의 방향을 찾아내야 합니다. '모든 사람의 모든 생각'을 담아낸다는 미션의 목적지는 쉽게 나타날 리 없습니다. 하루하루 여정을 즐기며, 조금 더 많은 사람의 조금 더 많은 생각을 담아낸 오늘 하루에 행복해하면서 모두의 노력으로 한 걸음씩 내디딜 뿐입니다.

02
옥소폴리틱스의
로드맵

옥소폴리틱스는 선거 때 반짝하는 서비스보다, '선거가 끝나도 살아남는 서비스'가 되는 것을 목표로 해왔습니다. 이는 많은 정치 스타트업에게 어려운 벽이었습니다. 다행히 옥소폴리틱스는 성공적으로 목표를 이루고 있습니다.

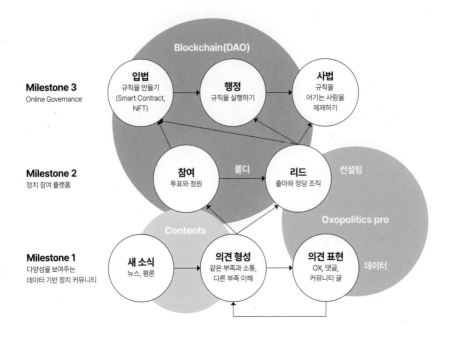

Milestone 3
Online Governance

Blockchain(DAO)

입법
규칙을 만들기
(Smart Contract,
NFT)

행정
규칙을 실행하기

사법
규칙을
어기는 사람을
제재하기

Milestone 2
정치 참여 플랫폼

참여
투표와 청원

폴디

리드
출마와 정당 조직

컨설팅

Oxopolitics pro

Milestone 1
다양성을 보여주는
데이터 기반 정치 커뮤니티

Contents

새 소식
뉴스, 평론

의견 형성
같은 부족과 소통,
다른 부족 이해

의견 표현
OX, 댓글,
커뮤니티 글

데이터

1) Milestone 1. 좌우가 함께하는 정치 커뮤니티

옥소폴리틱스에게 가장 기적 같은 성공은 바로 좌우가 함께 하는 정치 커뮤니티를 만들었다는 것입니다. 호랑이(진보)와 사자(보수)가 서로 쫓아내고자 다투는 곳이 아닌, 없으면 허전한 곳을 만들기 위해 노력했습니다. 정치적으로 다른 생각이 '혐오스러운 이견'이 아니라 '궁금한 의견'이라는 점을 인정하는 커뮤니티를 만들기 위해 노력했고, 다양한 정치 성향의 사용자가 함께하는 공간이라는 결실을 맺기 시작했습니다. 물론 아직 완전히 성공했다고 보긴 어렵습니다. 사용자가 늘어가는 과정에서 시스템을 교란하는 사용자도 있었고 사용자끼리 싸운 사례도 있습니다. 하지만 옥소폴리틱스는 진보부터 보수까지 많은 사용자들이 'OX'로 의견을 표현하고 자신의 생각을 나누며 공존하는 커뮤니티로 성장하고 있습니다.

첫 번째 단계에서는 다음과 같은 문제들을 해결했습니다.

새 소식을 듣는 채널

- 뉴스를 통해 소식 접하기

- 평론가와 전문가들의 해설 듣기

- 다른 사람들의 의견 듣기

'듣기' 과정은 '편향성'의 문제가 있습니다. '콘텐츠 추천 알고리즘'은 사용자의 성향에 맞춰 뉴스와 의제를 추천하기에 결과적으로 자신의 성향과 비슷한 언론과 사람의 말에 갇히게 됩니다. 이 과정에서 다양한 생각과 의견을 접할 기회는 줄어듭니다. 기술이 '확증편향'의 문제를 해결하기보다 크게 재생산하는 것입니다.

정치적 공론의 장

- 정치적 의견을 공개적으로 표현하기

- 다른 사람과 토론하기

'표현' 과정에서는 '혐오와 적대 문화'가 문제입니다. 생각이 다른 상대를 '없어져야 할 적'으로 상정하는 문화는 발언과 토론을 어렵게 합니다. 다른 입장을 인정하고 최선의 방향을 함께 찾고자 하는 태도보다는, 인격 공격을 포함한 '비아냥'과 대립각을 세우는 '네거티브 전략'을 우리 정치에서 많이 볼 수 있습니다. 앞으로 가야 할 길이 많이 남았습니다.

민주시민은 다음과 같이 정치 활동을 해나갑니다. 각 정치 활동 과정에 많은 비효율이 존재하며 개선이 필요합니다. 현재의 소셜 미디어와 데이터 기술은 많은 점을 보완할 수 있습니다.

정치에 참여하는 곳

- 청원을 통해 의제 설정에 참여하기

- 투표를 통해 결정에 참여하기

'참여' 과정에서는 '효율성'의 문제가 남아있습니다. 오프라인 투표는 노약자 및 재외국민의 접근성이 제한됩니다. 투명성이 보장된다면 투표 과정은 온라인을 통해 효율적으로 만들 수 있습니다. 실제로 백악관과 청와대는 '온라인 청원 시스템'을 통해서 참여 과정 일부를 온라인으로 전환했습니다.

리더가 되어 비슷한 생각을 가진 사람들을 대변할 수 있는 곳

- 스스로 대표자가 되기 위해 출마하기

- 스스로 의견을 대표하기 위해 정당 조직하기

'리드'의 과정은 가장 변화가 느린 영역입니다. 아직도 어떻게 정당의 공천을 받고 어떻게 대표자가 되는지 일반 시민의 머릿속에 선명하게 떠오르지 않습니다. 그래서 누구나 대표자가 될 수 있다는 생각보다 정치를 '그들만의 리그'로 여기는 문화가 고착화되었습니다. 출마와 공천 그리고 선거 운동 등 정치 과정의 영역이 투명하지 않은 상황입니다. 옥소폴리틱스는 지금까지 '편향성 문제'와 '혐오·적대적 토론 문화' 일부를 개선했습니다. 정치 시스템에 참여하고 직접 대표자가 될 수 있는 플랫폼으로 가는 길은 이제부터 차근차근 걸어가겠습니다.

3) Milestone 3. 새로운 거버넌스 플랫폼

정치는 대통령과 국회의원을 뽑는 일에 국한되지 않습니다. 세계 경제는 이미 국가의 경계를 넘나들고 있으며, 의사결정 단위 역시 개별 국가의 차원을 넘어선 지 오래입니다. 특히 블록체인 커뮤니티가 '국가의 경계'를 흐릿하게 만들고 있습니다. 비트코인과 이더리움 커뮤니티의 의사결정은 세계 경제에 매우 큰 파급 효과를 미치지만, 국가가 개입할 수 있는 영역은 적습니다. '뉴 노멀 시대'의 경제 네트워크에서 의사결정을 어떻게 해야 할지 고민해야 할 시점입니다.

결과적으로 의사결정 과정의 핵심은 '정치'입니다. 많은 DAO(Decentralized Autonomous Organization, 탈중앙화된 자율조직)가 여러 가지 의사결정 시스템을 만들고 있습니다. 하지만 탈중앙화된 자율조직에서도 '정치'라는 의사결정 과정은 피할 수 없습니다. 정치의 핵심은 '자원을 배분하는 원칙을 세우는 것'이고 경제를 안정적으로 운영하기 위해서는 '대다수가 동의하는 자원 배분 원칙'을 세워야 하기 때문입니다.

만약 '탈정치'가 이뤄진다면 약자의 참정권은 제한되고 경제 안정성은 침해됩니다. 약육강식의 세계에서 약자가 저항해 시스템이 무너지고 재건되는 역사가 반복됐기 때문입니다. 그리고 이 역사는 비트코인 캐시와 비트코인 골드, 그리고 이더리움과 이더리움 클래식의 하드포크 사례를 통해 블록체인 생태계에서도 반복되었습니다. 비트코인이나 이더리움에서도 수많은 안건에 대하여 서로 다른 입장 차이가 존재했고 단순히 보유한 코인이 많다는 이유로 소수가 의사결정을 하기도 했습니다. 악의를 가진 누군가가 가짜뉴스를 통해 블록체인 네트워크의 참여자를 호도하여 경제적 이득을 취하는 일 역시 충분히 일어날 수 있습니다. 이러한 '전횡'을 막기 위해 코인 경제와 DAO에서도 올바른 정치가 필요합니다.

그렇다면 정치는 어떤 방식으로 이뤄져야 할까요? 학교와 기업, 국가와 탈중앙화된 조직, 단체와 세계정부 등은 어떻게 의견을 모아야 할까요? 법과 행정, 사법은 어떻게 이뤄져야 할까요? 새로운 시스템에 맞는 체제는 '대통령제'일까요? '의원내각제'일까요? '직접민주주의'일까요? 아니면 전혀 다른 새로운 정치체제일까요?

옥소폴리틱스는 OX로 모은 의견에 기반해 스마트 콘트렉트 형식으로 가상 입법하고, 사람의 개입을 최소화하며 행정과 사법이 효율적으로 이루어지는 거버넌스를 꿈꾸고 있습니다. 탈중앙화된 정치가 목표는 아니지만 모두가 참여하고 의사결정을 할 수 있게 되면 자연스럽게 탈중앙화가 될 것으로 생각하고 있습니다.

하지만 이러한 체제가 미래 사회에 맞는 최선의 정치일지는 아무도 모릅니다. 그래서 필요한 것이 정치를 '애자일'하게 발전시킬 수 있는 '실험 플랫폼'입니다. 입법, 사법, 행정의 영역에서 다양한 정치 실험을 하고 문제점을 수정해 앞으로 나아갈 수 있는 '스타트업을 닮은 플랫폼'이 필요합니다. 그래서 옥소폴리틱스의 미션인 '모든 사람의 모든 생각'을 반영한 '실험 플랫폼'을 만들고자 하며, 더 나은 체제를 반복된 실험을 통해 만들어가는 '애자일 민주주의 발전 플랫폼'이 목표입니다.

3단계가 완성되면 옥소폴리틱스는 크고 작은 조직을 위해 '모든 사람의 모든 생각'을 현실에서 구현하게 됩니다. 진보부터 보수까지 모든 생각이 모여서 법이 되고 행정이 되며 사법이 되는 Universal Governance System을 구축하고자 하며 모든 정치 과정이 투명하게 토큰화되어 보이는 거버넌스 시스템을 꿈꿉니다. 정치 권력의 흐름과 유권자의 생각, 토론 과정, 투표와 입법 등 '정치 활동'은 투명하고 공평하게 공개될 것입니다.

민주사회에서 의사결정은 조직과 사람, 상황을 가리지 않고 항상 '민주적'으로 이뤄져야 하며, 조직은 소외된 사람이 없도록 모든 생각을 반영해서 움직여야 합니다. 이러한 시스템이 가능하기 위해서 모두가 결정에 수긍할 수 있도록 데이터와 과정이 투명하게 공유되어야 합니다.

옥소폴리틱스는 '모든 사람의 모든 생각'을 눈에 보이는 데이터로 만듭니다. 그리고 그 데이터를 기반으로 '민주주의 실험 플랫폼'을 만들어 갈 것입니다.

03
한국 정치의
큰 그림

대한민국의 정치는 정말 많은 것을 이루었고 국력의 신장만큼이나 빠른 성장도 이루었습니다. 물론 모든 변화 중 가장 느린 것이 정치의 변화이고 법과 제도, 권력 구조의 변화는 안정된 기반을 필요로 하므로 천천히 변화하는 것이 바람직하다고 생각합니다. 그렇지만 빠르게 변화하는 산업, 기술, 사회, 교육의 변화를 따라가며 뒷받침해야 하는 것 역시 정치의 역할이고, 정치가 변화를 따라가지 못한다면 나라가 위기에 처할 수도 있습니다.

정치는 시대에 맞게 변화해야 합니다. 우리는 산업화, 민주화 시대를 거쳐 선진국이 되었으며, 이제 창조적인 결과로 세계에 새로운 것을 제시해야 한 발 더 성장할 수 있는 상황에 와 있습니다.

1) 산업화 시대의 대통령 정치

산업화 시대에는 강력한 지도력으로 국민들을 응집시키고, 희생을 감수하면서도 경제 성장을 향해 나아가는 것이 필요했습니다. 일본의 산업화는 군국주의라는 이름 아래 이루어졌고, 대한민국의 산업화도 카리스마적인 정권에 의해 이루어졌습니다. 중국의 산업화 역시 독재 시스템이 이끌어 성장했습니다.

강한 리더십이 필요한 시기에 정치 권력은 대통령에게 집중됩니다. 그래서 국회의원 선거보다는 대통령 선거가 훨씬 중요하고, 대통령은 정당의 수반이 되어 정당을 구성하며, 국회의원들은 대통령과 정당의 거수기의 역할을 하는 것이 자연스러운 시대였습니다.

이러한 시대에는 시민이 대통령을 직접 뽑는 것이 민주주의의 핵심이 됩니다. 대통령을 누가 뽑는지에 따라 권력을 가진 주체가 결정되는 것입니다.

2) 민주화 시대의 정당 정치

산업화를 성공적으로 이루면, 그 다음에는 인권과 노동 환경 개선 등이 사회적 이슈로 부상합니다. 이는 우리나라뿐만 아니라 영국, 미국, 프랑스 등에도 일반적으로 나타났던 현상인데, 이러한 시대에는 산업화 세력과 민주화 세력의 대립이 정치의 주요한 형태가 됩니다.

시민들은 정당을 보고 투표하며, 대통령은 스스로의 어젠다보다 세력의 이념에 헌신하게 됩니다. 희생을 감수하며 성장하는 산업화 가치관의 사회를 만들 것인지, 성장치를 조금 낮추더라도 더불어 잘 사는 민주화 가치관의 사회를 추구할 것인지의 여부가 핵심 어젠다가 됩니다.

정당 정치의 시대에 있어 가장 중요한 것은 정당 자체가 민주적으로 돌아가도록 만드는 것이며, 이를 위해 우리나라에서는 공천을 얼마나 공정하게 하는지가 중요한 이슈로 떠오르기도 했습니다.

그런데 국가가 점점 발전하면서 이러한 대결 구도의 의미가 점차 옅어지게 됩니다. 성장을 위한 희생이 굶어 죽고, 고문당하며 착취당하는 것으로부터 노동에 대한 대가가 불평등한 정도로 줄어들며, 민주화를 추구하더라도 공산주의와 같이 성장을 멈추거나 역성장을 하는 것이 아니라 균형 잡힌 분배에 중요도를 두는 정도로 기회비용이 감소합니다. 그래서 결국 진보적 정당이든 보수적 정당이든 공약에 큰 차이가 나지 않게 되는데, 현재 우리나라가 이 시점에 와 있다고 볼 수 있습니다.

3) 다양성의 시대의 대표자 정치

산업화와 민주화가 어느 정도 완성된 사회에서 진보와 보수의 대결은 진짜 국가의 방향을 위한 싸움이라기보다 정권을 잡기 위한 진영 싸움이 되어버립니다.

(1) 중요했던 이념의 대결이 무의미한 진영 대결이 되는 과정

예를 들어 서울에서 부산으로 여행할 때, 출발 지점에서는 어느 고속도로를 이용할지, 얼마나 쉬면서 갈지, 중간에 얼마나 관광할지 여부에 따라 결과 차이가 크기 때문에 많은 이견이 생기고 신중한 결정이 필요합니다. 경우에 따라 4시간이 걸릴 수도, 10시간이 넘을 수도 있을 것입니다. 그렇지만 대구 정도의 위치라면 어느 길을 선택하든 큰 차이가 없습니다. 최적의 고속도로를 택해 30분 정도 갈지, 주변 경치를 즐기고 휴게소 들러 가며 한두 시간 더 걸릴지 정도 차이밖에 나지 않습니다.

국가의 초기 단계에서는 민주주의, 사회주의, 공산주의 등 이데올로기를 선택하는 것이 엄청난 차이를 가져오며, 향후 국가의 운명을 좌우하게 됩니다. 그렇지만 민주화와 산업화를 이룬 지금, 진보적 혹은 보수적 정책을 추구하는지의 차이는 초창기에 비해 적은 임팩트만 주는 것이 사실입니다.

이러한 차이는 시민들에게 큰 변별력이 없기에, 문제를 침소봉대하는 쪽이 승리에 유리합니다. 한쪽 진영은 부산에 가면 빨리 가면 얻을 이점에 대해서만 장황하게 늘어놓고, 다른 한쪽은 중간에 있는 맛집에 대해서만 홍보하게 됩니다. 그렇게 되면 게임은 단순한 진영 싸움이 되어버립니다.

이러한 시대에는 각자 다양한 가치관을 가지고 다양한 시도를 해보는 것이 중요합니다. 이제 어느 정도 정치적·경제적 발전을 이뤘고 그에 따라 여유도 생겼기 때문에, 차도 꼭 한 대로 갈 필요가 없고 휴게소에서 뭘 좀 먹는다고 부산에 도착했을 때 숙소에 들어갈 돈이 없는 상황이 벌어지지도 않습니다. 누군가는 작은 차로 경주에 놀러 가고, 다른 이는 고급 세단을 타고 거제도에 가며, 비행기를 타고 일본에 갈 수도 있습니다. 이렇게 열어놓고 보면 '우리가 왜 부산을 가려고 했지?'라는 질문도 할 수 있습니다.

(2) 우리는 왜 선진국이 되려고 했지?

지금 우리나라의 모습이 그러합니다. '우리는 선진국이 왜 되려고 했지?', '선진국이 되면 세상에 어떤 가치를 제공할 수 있지?', '왜 그렇게 인생을 누리지 못하고 미래를 위해 희생만 했지?', '난 무엇을 위해 회사와 국가를 위해 희생하고 있지?'와 같은 생각들이 꼬리에 꼬리를 뭅니다.

여유가 생기면서 경제 발전이나 좋은 학교, 좋은 직장과 같은 가치에 매몰되어 있던 시민들의 생각이 달라지기 시작합니다. '난 스타트업으로 혁신을 이루어 세계 시장을 재편하겠어!', '난 K-pop으로 세계를 즐겁게 하고 큰 돈을 벌겠어!', '난 세계적인 축구 스타가 되겠어!'라는 꿈이 '난 의사가 되겠어!'라는 꿈보다 더 큰 임팩트를 가지게 되는 것입니다.

이러한 시대에는 각자 다른 꿈의 이해관계를 대변해주는 정치인들이 필요합니다. '나는 스타트업의 이해관계를 대변해서 도전하기 편한 나라를 만드는 정치인이 될 거야!', '난 축구에 대한 투자를 이끄는 정치인이 될 거야!', '난 엔터테인먼트 산업을 육성하는 정책을 만드는 정치인이 될 거야!'라는 명확한 어젠다를 가지고 각 이해관계를 대변할 수 있어야 할 것입니다.

(3) 대표자 정치의 시대

이러한 시대에는 국회의원 같은 시민 대표자들이 시민들의 이해관계를 직접 대변할 수 있어야 합니다. 나는 스타트업의 규제를 풀고 싶은데 우리 지역구 국회의원 후보들 모두 관심이 없다면, 내 표는 내 이해관계를 위해서가 아니라 내 실리와는 괴리된 좌우 진영 싸움에 쓰일 수밖에 없을 것입니다.

이러한 대표자 중심 정치의 핵심은 대표성을 강화하는 것에 있습니다. 대표성을 강화하기 위해서는 정치인 역시 명확히 자신이 무엇을 추구하는 사람인지 밝힐 수 있어야 하고, 시민들 또한 정확히 자신이 원하는 것을 말할 수 있어야 합니다. 지금까지 우리나라의 정치를 보면 정치인은 실제 이해관계와 괴리된 이념적인 이야기를, 시민들은 생활에 매몰되어 무관심한 자세를 보여 왔습니다. 실제 큰 차이가 없어진 양당에서 누가 되든 정치인들만의 게임이 되어버렸으며, 내 이해관계에는 큰 차이가 없는 상황입니다.

4) 옥소폴리틱스의 역할

(1) 시민들이 스스로의 이해관계와 정치적 어젠다를 이해

옥소폴리틱스는 지금까지 자신의 이해관계를 생각해 보거나 표현해 볼 기회가 없었던 시민들에게 매일 하는 정치 습관을 만듭니다. 여러 사안에 대해 OX를 해보면서 내가 진짜 무엇을 원하는지, 한국의 정치 지형도에서 어떤 방향을 향해 나아가고 있는지를 확인할 수 있습니다.

(2) 정치인들이 시민들의 이해관계를 데이터로 확인하고 자신의 어젠다를 제시

정치인과 언론에게 옥소폴리틱스는 어떤 시민들이 어떤 생각들을 하고 있는지 볼 수 있는 데이터 플랫폼입니다. 시민들은 어떤 니즈를 가지고 있는지 파악할 수 있어야 정치인들이 어젠다를 만들 수 있습니다. 이를 위해 시민들의 생각을 보여주는 플랫폼이 옥소폴리틱스입니다.

옥소폴리틱스는 OX를 통해 시민들의 생각을 표현할 수 있는 곳이 되었지만 정치인들에게 일목요연한 데이터를 보여주는 문제는 현재진행형으로 이슈를 더욱 명확하게 정리할 수 있는 솔루션을 찾아가고 있습니다.

04
옥소폴리틱스와
만나다

형지 님의 이야기: 프로젝트 시절의 옥소폴리틱스

2020년 7월에 옥소폴리틱스가 설립되었고 저는 6월 정도부터, 그러니까 프로젝트 레벨일 때부터 참여했어요. 당시 대학원 여름방학이었는데, 호현 님이 '실리콘밸리에서 어떤 사람들과 프로젝트를 하고 있는데 아르바이트 형식으로 참여해서 의견을 내보지 않겠냐'고 말씀을 주셔서 참여하게 됐어요.

첫 회의에 참여하는데 모두 실리콘밸리에서 일하는 사람들이라 전해들었어요. 페이스북의 엔지니어 같은 분들과 같이 화상 미팅을 하니까 일단 '내가 이런 자리에 껴도 되나?'라는 생각이 먼저 들었고, '내가 실리콘밸리에 가지 않고도 이렇게 회의를 하는 게 정말 좋고 영광이다'라는 생각이 들었어요. 그런 분들과 의견 교류를 하는 것이 좋은 기회라는 생각도 했어요. 이제 그런 기회가 흔치 않으니까요.

단어로 말하면 '기대'와 '가능성', 이 두 가지였던 것 같아요.

저는 오랫동안 라디오 PD를 준비했어요. 작은 지역 매체에서 라디오 PD로 일하며 경력을 쌓고 대형 매체의 라디오 프로그램 편집을 하며 라디오 PD 시험을 봤어요. 제가 여러 매체 가운데, 라디오를 택한 건 폭넓은 주제로 사람들과 매일 소통할 수 있다는 점 때문이에요. 하지만 동시에 오래된 매체가 가지는 한계가 분명한 건 좀 아쉬웠습니다.

옥소폴리틱스는 매일 질문을 던지고 OX로 사람들의 생각을 끌어내잖아요. 저는 사람들이 요즘 무슨 생각을 하는지 궁금한데, 미션부터 사람의 '생각'에 관심을 갖는 곳이 옥소였어요. 처음 앱에 접속했을 때 사용자와 주고받는 콘텐츠를 만든다는 점이 익숙하기도 하고 마음에 들었어요. 한편 데이터로 실시간 소통을 돕는다는 점은 흥미롭게 느껴졌어요. 생각해보면 늘 콘텐츠를 만들며 '나는 요즘 이거 관심 있는데 넌 어떻게 생각해?'라는 대화를 해왔는데 어떻게 보면 옥소에서도 같은 일을 하고 있는 거죠. '올드'가 아닌 '뉴' 미디어라는 넘치는 가능성 속에서요.

그리고 호현 님에 대한 기대도 있었어요. 호현 님이 쓰신 '브런치' 글을 보면서 '실리콘밸리에서 엔지니어로 일하는 분이 계시구나. 조직문화에 대한 깊이 있는 인사이트가 있을 것 같은데, 이런 분과 같이 일하면서 내가 배울 수 있는 것이 있고 같이 일해보고 싶다'는 마음이 들었어요. 경험상 방송국은 위계적이었고, 공연 기획사역시 만드는 콘텐츠는 아름답고 말랑말랑했지만 굉장히 위계적이고 무서웠거든요. 그래서 '역할조직'이라는 새로운 조직문화에 대한 호기심이 컸고 궁금 반, 기대 반으로 지원했죠. 지금은 옥소가 주로 정치 이야기를 다루지만, 앞으로 다루는 주제가 다양해질 거라고 생각해요. 각종 분야에 대해 많은 사람들이 '어떻게 생각해?'라고 묻고 서로의 생각을 주고받는 플랫폼으로 성장하지 않을까 기대합니다.

한별 님의 이야기: 옥소폴리틱스 유저에서 엔지니어로

옥소폴리틱스에서 엔지니어링 일을 하기 전에는 여의도에서 사무직으로 일했어요. 조금 연령대가 있는 분들과 일했고, 정치에 적극적으로 의사표현을 하는 분위기라서 식사 시간마다 정치 이야기를 했어요. 저는 사실 정치에 문외한이다 보니까 어떤 이야기를 해야 될지 몰랐고 그것 때문에 고민이 많았어요. 그러다 저희 가족이 호현 님이 만든 어플을 추천해줘서 옥소 앱을 사용하게 됐고 사용하다 보니 제가 도움을 받을 수 있는 좋은 플랫폼이어서 베타 시절부터 사용하게 됐어요.

저는 부트캠프 출신인데, 부트캠프에서 엔지니어링을 배우며 뭘 만들면 좋을지 고민하거나 포트폴리오를 만들던 때에도 옥소폴리틱스와 같은 정치 커뮤니티를 만들고 싶다는 욕구가 있었어요.

수료 이후, 부트캠프 내부에 수료생들을 위한 커뮤니티에서 지금은 퇴사하신 엔지니어 분이 '옥소폴리틱스에서 엔지니어를 모집한다. 커뮤니티에서 관심 있는 사람은 연락 달라'고 말씀을 주셨어요. 그래서 제가 그분께 '시니어 레벨을 뽑고 있긴 하지만 저는 옥소폴리틱스를 베타 때부터 이용해 온 유저라(성향은 하마인데), 혹시 인턴부터 시작할 수 있는지, 좋은 기회가 있으면 언제든 연락 부탁드린다'고 말씀드렸던 기억이 납니다.

호현 님은 제가 유저라고 하니 저를 좋게 보셨고 그렇게 면접을 보게 됐어요. 면접은 엔지니어링 퍼포먼스보다 제가 옥소폴리틱스를 얼마나 진심으로 사용하고 있는 유저인가를 중심으로 진행됐어요.

대우 님의 이야기: 옥소폴리틱스의 CTO로

앱 개발 중 많은 서비스 경험을 하면서, 앞으로 4~5년 정도 앱 개발 공부를 한 뒤 실리콘밸리에 도전해보고 싶다는 생각을 하고 있었어요. 그 때 실리콘밸리 출신의 호현 님을 만나게 됐어요. 저는 옥소폴리틱스에 오기 전에는 위계조직에 있었는데 '우리도 이제 조직을 바꿔야 된다'는 생각에 외부 강사님을 초청했어요. 그분이 보여준 영상에서 역할조직과 호현 님을 처음 알게 되었는데, 저는 많은 감명을 받았어요. '그래 맞아. 저렇게 해야 돼. 우리는 지금 너무 위계조직이야'라는 생각이 들었죠.

저희 부친과 호현 님 부친께서 인연이 있어 우연히 비대면 회의를 하게 됐는데, '호현 님 영상을 보고 호현 님 팬이 됐다. 한 번 만나고 싶다'고 말씀드려 만나게 됐습니다. 이야기를 해보니 호현 님은 옥소를 시작하면서 본인이 개발을 다 하고 계셨어요. 주니어 엔지니어와 작업을 했으니 거의 혼자 감당하고 계셨죠. 그런데 엔지니어 작업뿐만 아니라 정치인도 만나야 되고 사업적으로 엄청 바쁘신 틈에 엔지니어 업무까지 혼자 다 하고 계시니까 부하가 많이 걸렸던 상황이었어요. 그래서 호현 님은 실력과 경험이 있는 CTO급의 엔지니어를 찾고 계셨고, 저는 실리콘밸리에 가고 싶어 했고. 이런 식으로 서로 니즈가 일치했다고 생각합니다.

제가 실리콘밸리에 가고 싶어 했던 건, 연봉만큼이나 어떤 시스템이 있기에 사람들이 찬양하는지 경험해보고 싶었기 때문이에요. 또한 저는 조직문화에 관심이 많아 배우고 싶었는데, 호현 님과 일하면 바로 배울 수 있겠다는 생각이 들었어요.

Chapter 2.

옥소폴리틱스는
어떤 회사인가?

Chapter 2

옥소폴리틱스는
어떤 회사인가?

01
다양성의 정치를 위한
데이터 플랫폼

대한민국은 가치관이 송두리째 변하는 '대전환의 시기'를 두 차례 마주했습니다.

1990년대, 생존을 위해 살아가던 세계는 존엄성과 소속감을 중시하는 세계로 변했습니다. 이제 두 번째 대전환의 시기가 왔습니다. 바로 '자아의 시대'입니다. 사람들은 존엄을 넘어 각자 삶의 의미에 대해 질문하고 있습니다.

산업화를 이루기 위해 많은 희생을 감내했던 시대, 독재와 싸워 민주주의를 쟁취했던 시대를 거쳐 '나는 무엇을 위해 어떻게 살 것인가'를 묻는 시대가 왔습니다. 변화가 가장 빠르게 찾아온 곳은 기업이었습니다. 새로운 가치관과 행동 양식을 가진 MZ세대와 함께 일해야 하기 때문입니다. 그래서 기업은 새로운 '기업문화'와 '거버넌스 모델(ESG)'을 찾기 위해 노력하고 있습니다.

과거 국가는 헌신과 충성의 대상이었지만, 지금은 다릅니다. '자아의 시대'에 국가는 개인이 자아실현을 이루기 위한 플랫폼이 되고 있습니다. '국가를 위한 개인'보다는 '개인을 위한 국가'가 되어야 개인과 나라 모두 발전하는 시대가 왔으며, 정치의 역할도 국민 통합에서 다양한 목소리를 대변하는 방향으로 변화하고 있습니다.

다양성의 시대에 다양성의 정치를 하려면 다양한 사람들이 어떤 생각을 하고 있는지 알 수 있어야 합니다. 그 역할을 하는 플랫폼이 바로 옥소폴리틱스입니다. 옥소폴리틱스는 'OX'로 사람들의 생각을 쉽게 표현해 데이터를 모으고 함께 나눕니다.

02
생각을 끌어내는
소셜 데이터 플랫폼

옥소폴리틱스는 '소셜 데이터 플랫폼'을 만들기 위해 '애자일 기법'을 이용했습니다. 사람들의 생각을 성향 테스트와 하루 하나의 질문으로 알아보았습니다. 온갖 데이터 처리 기법을 이용하여 복잡한 데이터를 보여주기도 하고, 반대로 단순화해서 드러낸 적도 있습니다. 결과적으로 얻어낸 데이터와 피드백을 통해 새로운 방향을 찾았으며, 설정한 방향이 맞는지 검증하기 위해 같은 과정을 무수히 반복했습니다.

이러한 시도 끝에 찾은 최고의 솔루션이 '옥소폴리틱스'입니다. 생각을 끌어내는 '옥소폴리틱스 커뮤니티 플랫폼'과 생각을 보여주는 '옥소폴리틱스 데이터 플랫폼'은 지금도 실험을 반복하며 변화하고 있습니다.

03
옥소폴리틱스의
미션과 핵심가치

스타트업은 '미션'을 중요하게 생각합니다. 스타트업은 세상의 어떤 문제를 새로운 방법으로 해결하기 위해 존재하기에, 풀어야 할 문제와 해결하려는 방향을 미션을 통해 명확히 합니다. 옥소폴리틱스는 모든 사람이 자신의 꿈을 이루는 세상을 만들고자 합니다. 심리학자 매슬로우(Abraham Harold Maslow)의 욕구 피라미드에 따르면 자아실현을 이룰 때 사람은 행복을 느낀다고 합니다. 모든 사람이 꿈을 이루는 공동체가 되려면 의사결정을 할 때 모든 사람의 생각을 고려할 수 있어야 합니다.

그래서 옥소폴리틱스의 미션을 '모든 사람의 모든 생각'으로 정했습니다.

1) 미션: 모든 사람의 모든 생각(Let Every Voice be Heard)

합리적인 의사결정을 위해서는 입장을 명확히 하고 데이터를 기반으로 토론해야 합니다. 이를 위해 데이터에 기반해 모두의 입장을 아우르는 플랫폼이 필요합니다. 옥소폴리틱스가 '모든 사람의 모든 생각'을 끌어내는 정치 데이터 플랫폼이 되고자 하는 이유입니다.

미션 전략

- 모든 사람이 자신도 모르던 개인의 생각을 OX와 댓글을 통해 표현하도록 한다
- 데이터로 모인 모든 생각을 시각화하여 이해하기 쉽게 모두에게 공개한다

팀별 미션

Product: 소통의 거리를 좁힌다

Contents: 다양한 생각의 숲. 그곳의 햇빛(서로를 볼 수 있는), 비(정보), 바람(흐름)

Engineering: 룰이 이끄는 자유로운 개발

Marketing: 쉽게! 기분좋게! 당당하게! 젠틀하고 당당한 우리의 마케팅

2) 옥소폴리틱스의 핵심가치

미션을 프로덕트로 만들 때, 핵심가치를 통해 우리가 어떻게 미션을 이루고 싶은지 명확히 할 필요가 있습니다. 같은 미션이라도 핵심가치에 따라 전혀 다른 제품이 나올 수 있기에, 옥소폴리틱스는 '모든 사람의 모든 생각'을 편견 없이 전하기 위해 다음과 같은 핵심 가치를 정했습니다.

우리는 데이터를 투명하게 전달합니다

- 우리의 견해를 전달하지 않습니다

- 사용자에게 모은 데이터를 최대한 투명하게 전달합니다

우리는 정확하게 소통합니다

- 오해할 만한 소통을 하지 않습니다

- 돌려서 이야기하거나 넌지시 이야기하지 않습니다

- 사용자의 의견을 적극적으로 수용하거나 수용할 수 없는 이유를 명확히 소통합니다

우리는 실수를 빠르게 인정합니다

- 빠르게 실수를 소통합니다

- 빠르게 실수를 개선합니다

콘텐츠팀의 핵심가치: Contents Product Values

"모든 사람의 모든 생각을 끌어내는 콘텐츠를 제공한다"

- 시류를 품은 정치 뉴 미디어

　핵심 정치 뉴스를 파악할 수 있는 플랫폼

　핫한 정치·사회 이슈를 말하려는 사람들이 모이는 플랫폼

- 쉽고 재미있는 정치

　딱딱하고 어려운 단어 대신 쉽게 쓰는 정치 콘텐츠

　다양한 나이, 성별, 지역 사람들이 모두 이해할 수 있는 콘텐츠

　각 진영과 언론의 관점을 보여주는 콘텐츠

- 이슈에 대한 인사이트

　더 넓고 깊은 생각을 할 수 있는 질문과 정보

　사회 현상과 트렌드에 대한 데이터 기반 시각(성향 테스트, 설문조사, 데이터 시각화)

- 다양한 어젠다

　포털 메인 뉴스에 한정되지 않는 어젠다 세팅

04
팀 옥소폴리틱스

옥소폴리틱스의 미션을 함께 이루고자 하는 사람들이 합류했습니다. 우리의 미션이 현실에서 구현 가능한 꿈이라고 믿고 각자의 재능을 발휘해 함께하는 분들이 있습니다. 과거, 기업에서 대표는 가장 똑똑한 사람이었습니다. 특히 제조업의 경우 대표의 혜안에 따라 만들어진 계획을 묵묵히 실행할 사람들이 필요했습니다. 대표는 어느 정도 뭐든지 다 할 줄 아는 사람이었고 대표가 일일이 하지 못하거나 귀찮은 일들을 직원들에게 맡겼습니다. 그러한 조직을 관리하기 위해서는 위계를 명확히 하는 것이 매우 효과적이었습니다.

그러나 현대의 스타트업에서는 대표의 능력은 매우 제한적입니다. 모든 방면에서 극도의 전문성과 빠른 실험을 요구하는 애자일 환경 아래, 대표는 대부분 한두 가지 영역에만 전문성을 가지고 있습니다. 저는 백엔드 엔지니어링 전문가입니다. 앱 엔지니어, 프론트엔드 엔지니어, 디자이너, 콘텐츠 매니저, 재무 담당자 등 각 분야의 전문가들을 어렵게 모셔와야 했습니다. 전문가를 모셔오는 상황에서 위계적인 구조는 너무나도 어색해집니다. 모셔온 전문가를 아랫사람 대하듯 이래라저래라하는 것은 어색하고 재능을 제한하는 일입니다. 그분들께 연봉을 드리는 만큼 각자가 자신의 전문 분야에 기여하도록 부탁하고 그 기여에 대해 360도 피드백과 정당한 보상을 드리는 것이 더 자연스럽습니다. 그것이 실리콘밸리에서 보고 모델링한 '역할조직'의 모습입니다.

속도 - 애자일을 통해 끊임없이 실험과 전략 수정을 합니다. 위계조직은 알고 있는 목적
지에 빨리 달려갈 때 유리하지만, 애자일한 역할조직은 최적의 목적지가 어디인지
모를 때 실험과 고민을 통해 최적의 목적지를 빠르게 찾을 수 있는 조직입니다.

완성도 - 애자일 산출물에는 '완성'이 없습니다. 끊임없이 진화하고 새로운 실험을 통해
고객들이 원하는 것을 찾아냅니다. 끊임없는 진화를 통해 항상 미션의 완성도를
높여갑니다. 산출물의 완성이 아닌 미션의 완성을 목표로 하면 끊임없이 진화할
수밖에 없습니다.

조직문화 - 목표를 정하고 달리는 조직이 아니라 전문가를 모시고 우리의 미션을 위한 산
출물이 어떤 것인지 끊임없이 질문하는 조직을 추구합니다. 이를 위해 위계조
직이 아닌 역할조직을 만들어가고 있습니다.

인력 - 미션을 함께 이룰 전문가들과 함께 합니다.

고객 - 시민들과 정치인들이 정치 활동을 더 효율적으로 할 수 있도록 도와드립니다.

성장 - 시민들로부터 받는 데이터와 정치인들에게 받는 금전적 보상을 통해 성장을 이루
어갑니다.

05
옥소폴리틱스의
프로덕트와 고객

'모든 사람의 모든 생각'을 이끌어내기 위해서는 어떤 프로덕트가 필요할지 고민했습니다. 우선 생각을 전달할 수 있는 수단이 필요합니다. 그것이 옥소폴리틱스의 근간이 되는 OX 응답입니다. 사람들이 질문에 OX로 답하면 데이터는 저장과 가공이 쉬운 'Binary Bit Vector'가 됩니다. 수집한 데이터를 데이터 시각화(Data Visualization) 기법으로 표현하면 시민과 정치인 등 의사결정을 하려는 사람들에게 모든 생각을 효율적으로 보여줄 수 있습니다.

옥소폴리틱스의 고객은 시민과 정치인입니다. 우리는 고객에게 일정한 가치를 드리고 상응하는 가치를 돌려받습니다. 시민에게는 정치 콘텐츠를 공급해 자신의 생각을 전달함과 동시에 타인의 생각을 볼 수 있는 경험을 드리고, 이를 통해 우리는 사람들의 생각을 데이터로 제공받습니다. 정치인에게는 시민의 생각을 전달하고 소통의 공간을 마련해 홍보의 기회를 드립니다. 그리고 우리는 가치에 상응하는 금전적 보상을 받습니다. 이러한 가치사슬이 건강하게 유지될 때 옥소폴리틱스는 '사용자 확보'와 '경제적 성과' 등 지속가능한 성장을 이룰 수 있습니다.

모두의 생각을 실시간으로 분석해서 합리적인 의사결정에 도움을 주는 플랫폼을 만들고 싶어요.

예를 들어서 '오늘 뭐 먹지?'라는 질문이 생겼을 때 보통은 '이런 맛집들이 있어요'라고 보여주잖아요? 그런데 이제 '연령별, 성별로 점심에 보통 이런 음식들을 먹는다'라는 데이터를 보여주고, 내가 어제 먹었던 음식 혹은 평균적으로 내가 점심에 어떤 음식을 먹었는지, 이런 데이터를 보여주면서 의사결정을 쉽게 할 수 있도록 도와주는 플랫폼을 만드는 겁니다.

모든 의사결정에 있어 데이터를 제공하면서 내가 어떤 선택들을 해왔고, 다른 사람들은 어떤 선택들을 했는지 데이터로 볼 수 있는 것이죠. 일상으로 접근하면, 나와 같은 성향의 사람들은 어떤 음악을 듣는지, 나랑 같은 연령대의 사람들은 어떤 옷을 입는지 등에 대해 데이터로 확인할 수 있도록 만들고 싶어요.

06
옥소폴리틱스의
기능들

옥소폴리틱스에는 기본 기능인 OX 투표 외에도 다양한 부가 기능이 있습니다. 정치 뉴스를 '세 줄 요약'과 '말풍선' 기능 등으로 쉽게 정리하기도 하고, 사용자를 정치 성향에 따라 다섯 부족으로 나눠 댓글과 채팅으로 토론하게 합니다. 향후 '내 캐릭터 성장', '나와 같은 생각의 정치인 매칭', '정치인 투자 및 후원', '정치인 소통' 기능도 만들 예정입니다. 이를 통해 사람들에게 '정치적 의사결정'이 재미있고 현실을 바꾼다는 점을 체감하게 할 계획입니다.

07
옥소폴리틱스의
미래

옥소폴리틱스는 우리나라의 정치에만 적용하는 플랫폼이 아닙니다. 작게는 기관, 지역, 기업의 거버넌스에 접목할 수 있고, 넓게는 세계 여러 나라의 정치에 활용할 수 있습니다. 블록체인으로 촉발된 탈중앙화는 이미 거스를 수 없는 변화의 방향이 되어가고 있습니다. 언젠가는 탈중앙화 경제가 국가 경제를 넘어서는 시대가 올 것이고 그때는 탈중앙화된 의견교환과 의사결정이 필요해질 것입니다. 옥소폴리틱스는 현재 정치적 의사결정을 돕는 플랫폼이지만, 미래 시점에서는 탈중앙화 정치를 구현하는 플랫폼이기도 합니다. 사람들의 마음을 쉽고 투명하게 모아서 보여줄 수 있는 플랫폼인 옥소폴리틱스가 할 수 있는 일은 정말 많습니다. 그 모든 일의 중심은 사람들의 생각을 익명, 실시간 데이터로 보여주는 것이고 그 생각들이 모여 다양한 일들을 함께 결정하게 될 것입니다.

08
옥소폴리틱스의
정치 지형도

옥소폴리틱스는 모든 사람이 유니크한 정치적 존재로서 자신의 목소리를 낼 수 있도록 돕는 플랫폼입니다. 그래서 그 미션을 '모든 사람의 모든 생각(Let Every Voice be Heard)'으로 정했습니다. 정치적 옳고 그름이나 동의하는 사람의 수에 상관없이 모든 생각들을 이야기하고 표현해 하나의 큰 그림을 완성시켜 나가는 것입니다.

수많은 점이 모여서 만든 옥소폴리틱스의 정치 지형도는 한 사람 한 사람의 정치적 목소리가 녹아있습니다. 어떤 생각은 공산주의에 가까운 생각이라고 비난받고, 또 어떤 생각은 수구세력의 답답한 소리라고 비난받습니다. 어떤 생각은 많은 공감을 얻기도 하는데, 누군가의 비참한 현실에 마음 깊이 공감하기도 하고 누군가의 잘못에 큰소리로 호통치기도 합니다. 옥소폴리틱스는 그러한 목소리들이 섞인 정치 지형도를 그려냈습니다.

정치 지형도는 통계적으로 유의미한 지도도 아니고 대한민국 전체를 대변하지도 않습니다. 단지 우리의 목소리를 모아 2차원 평면에 투영해 본 것입니다. 그래서 옥소폴리틱스를 소셜 정치 데이터 플랫폼이라고 이름 붙였습니다. 사람들이 모여 떠드는 목소리를 데이터로 삼아 2차원 평면에 투영하고 다양한 차트로 시각화하는, 함께 만드는 정치 데이터 플랫폼입니다.

죽은 데이터가 아니라 살아서 움직이는 데이터가 쌓이고 있다는 점에서 긍정적이라고 생각합니다. 채팅 데이터나 가볍게 소셜 네트워크를 주고받는 커뮤니티 자료도 굉장히 중요하지만, 옥소 유저분 개개인은 사회에 나의 정치적 의사를 적극적으로 표현하고 싶다는 의도를 가지고 양질의 자료들을 많이 쌓아주고 계십니다. 'ㅋㅋㅋ' 같은 댓글도 있지만, 어떤 유저분들은 자기의 의견을 뒷받침하기 위해서 다양한 링크와 굉장히 많은 레퍼런스를 댓글에 담아주시죠. 이렇게 좋은 자료를 제공해주시면 저희는 그걸 '어떻게 소화해야 될까?' 하고 많은 고민을 해요. 그냥 글 하나를 보여주는 것에 그치지 않고 '이 레퍼런스는 기존 데이터와 형식이 다르구나. 어떻게 하면 더 좋게 보여줄 수 있을까?' 하는 고민이에요. OX 데이터도 단순한 OX를 넘어 정치적인 의사를 표명하는 것이기 때문에 굉장히 값진 데이터라 생각합니다.

한 쪽의 입장만 다루거나 유도 질문을 만들지 않도록 주의해요. 그리고 답이 정해진 질문을 지양합니다. 여러 사람들의 다양한 생각을 끌어낼 수 있는 질문인지 고민하고 가능하면 찬성이나 반대 한쪽으로 의견이 쏠리지 않도록 하려고 하죠. 이슈를 설명하는 것보다 아이템을 뽑고 질문을 쓰는 게 가장 어려운 일이에요. 특히 단어 선택이 중요한데 언론이 다 쓰는 표현, 단어라도 저희가 쓰면 '왜 옥소까지 프레이밍에 동참하느냐' 같은 피드백이 오더라고요. 언론에서는 지금 이 단어를 쓰고 있더라도 프레이밍이 담긴 표현인지 따져보고, 특정 표현이 한쪽만의 입장은 아닌지 따져서 질문하려고 해요.

09
ESG와
옥소폴리틱스

옥소폴리틱스는 기업으로서 어떤 사회적 책임을 할 수 있을까?

'사회적 책임'은 지속가능한 기업이 되기 위해 반드시 확보해야 할 평가 척도입니다. 사회가 지속가능해야만 기업 역시 지속할 수 있기 때문입니다. 그래서 옥소폴리틱스는 어떻게 ESG 평가를 받고 ESG 임팩트를 줄 수 있을까 고민했습니다. 다음은 옥소폴리틱스가 미래를 내다볼 수 있는, ESG에 강한 기업이 되기 위해 어떻게 행동해야 하는지에 대한 원칙입니다.

1) Environment

옥소폴리틱스는 시민이 환경에 대한 의견을 나누고 기업과 정부에 피드백을 주는 곳이 되고자 합니다. 지속가능한 성장의 '모니터링 툴'이 될 것입니다.

2) Social

(1) 옥소폴리틱스의 사회적 영향력

옥소폴리틱스는 정치를 쉽게 만들고 참여를 편하게 유도해 정치의 저변을 넓힙니다. 이를 통해 세대별, 정치 성향별, 지지 정당별 소통을 강화하여 다양한 사회 구성원의 생각을 드러내는 플랫폼이 될 것입니다.

(2) 옥소폴리틱스가 돕는 기업들의 사회적 영향력

기업들은 강한 사회적 영향력을 가집니다. 대기업의 신제품 하나, 세계 시장에서의 시장 점유율의 변화, 광고에서의 한마디, 노동자에 대한 대우, 하청 관계에서의 언행 하나가 사회를 변화시키고 강한 인상을 남깁니다. 이러한 영향력이 잘못 전달되었을 경우, 갑질 논란이나 노사관계 문제, 잘못된 광고 등과 같이, 사회와 기업 자체에 부정적인 영향을 미칠 수 있습니다. 그래서 기업이 사회를 향한 영향력 있는 액션을 취할 때에는 사회에 미칠 수 있는 여파에 대해 꼼꼼히 따져봐야 합니다.

옥소폴리틱스는 실시간으로 변하는 사람들의 생각을 질문 하나로 확인할 수 있으며 액션에 대한 파장을 예상할 수 있습니다. 옥소폴리틱스는 기업들이 사회에 주는 영향력을 예측 가능하게 하고 그 영향력이 사회를 더 낫게 만들 수 있도록 합니다.

3) Governance

(1) 옥소폴리틱스 내부의 거버넌스

옥소폴리틱스는 역할조직 이상의 새로운 문화를 만들어가려 노력하고 있습니다. 직원들의 의견을 약한 의견과 강한 의견으로 나누어 약한 의견은 참고만, 강한 의견은 토의의 대상으로 합니다. 회의 시간에 각자의 질문을 꺼내고 빠르게 토의하며 의사결정을 하는 시스템을 갖추고 있습니다.

(2) 거버넌스 도구로써 옥소폴리틱스

거버넌스에서 가장 중요한 것은 모두의 의견을 듣고 결정을 내리는 것입니다. 우리나라 거버넌스 구조의 가장 큰 문제점은 Top-down 방식의 의사결정입니다. 결정권자에게 주어진 정보가 한정적, 편향적인 상황에서 Top-down 방식의 의사결정은 올바른 선택을 방해합니다. 옥소폴리틱스는 조직 전체의 의견을 최소한의 비용으로 일목요연하게 소통하도록 시스템화합니다.

그러한 플랫폼을 통해 의견과 의사결정 과정이 투명해지면 자연스럽게 의사결정권도 서로의 신뢰와 이해를 바탕으로 분산되기 시작할 것이라 생각합니다.

10
옥소폴리틱스가 추구하는
정치문화

1) 정치적 정의는 옳고 그름이 아닌 공정함이다

(Political justice is not about righteousness, but about fairness)

옛날에는 정치에서 옳고 그름이 꽤 분명했습니다. 독재는 나쁜 것이고 폭력은 나쁜 것이며, 사람이 죽는 것은 나쁜 것이고 사람을 괴롭히는 것은 나쁜 것이었습니다.

그래서 독재에 항거하고 폭력에 맞서는 것이 정치였습니다. 그렇지만 선진국이 된 오늘날의 정치에서 옳고 그름은 분명하지 않습니다. 일방적인 독재나 폭력도 없는 지금, 우리는 흔히 상대방이 나쁜 사람들이라고 규정짓기 위해 독재자, 폭거, 폭압, 폭주 같은 말을 붙이곤 합니다. 그렇지만 실상은 그렇지 않은 경우가 많습니다.

우리는 미디어를 통해 이해관계가 다른 당사자 간의 이해 충돌을 보곤 합니다. 우리 사회는 이 문제를 어떻게 해결했을까요? 우리 사회는 법과 판결로 꽤 단순히 해결했습니다. 그렇지만 이러한 이해관계의 해결은 누구 손을 서둘러 들어주는 것이 중요하지 않으며, 정반합의 방식으로 끊임없이 균형을 찾아가야 합니다. 우리 사회에는 끊임없이 갈등을 해결하는 시스템이 없습니다. 단순히 누가 이기는 시스템이 있고, 그 결정에 이르는 방법에도 폭력과 귀한 생명의 희생이 수반됩니다.

2) 서로의 다름을 이해하는 소통(Embrace diversity with empathy)

지금의 세대에서 공정함이 중요한 이유는 바로 관심의 초점이 국가에서 개인으로 옮겨왔기 때문입니다. 일제에 나라를 잃기도 하고, 전쟁으로 나라가 위기에 처하기도 했으며, 전국민적 가난을 경험해야 했던 우리의 역사는 우리에게 다분히 국가주의적인 관점을 갖게 했습니다. 우리는 역사와 경험을 통해서 국가가 없으면 얼마나 비참한 삶을 살아야 하는지 배웠습니다.

그런데 이제는 관심이 국가에서 개인으로 옮겨왔습니다. 먹을 것이 없으면 온통 먹을 것에 관심이 집중되고 음식을 먹게 되면 음식이 있다는 것에 감사하지만 먹을 것이 많으면 별로 관심을 갖지 않게 됩니다. 이제 음식에 대한 생각보다는 음식을 먹고 그 에너지로 어떤 활동을 할지 생각하는 것이 중요합니다.

국가도 마찬가지입니다. 전쟁과 폭력, 배고픔으로부터 지켜줄 국가를 갈구했던 우리 민족이지만 그것을 얻고 나서는 계속 국가를 위해 살 필요가 없어졌습니다. 오히려 그 안전망 안에서 어떻게 세상에 기여하면서 내 인생을 풍요롭고 행복하게 만들지 고민하게 됩니다.

지금 우리나라에는 절대 빈곤을 경험한 사람들, 국가 폭력에 항거해 민주화를 갈구하던 사람들, 자아실현을 위해 공정한 경쟁을 요구하는 사람들이 함께 살고 있습니다. 이러한 상황에서 서로 생각을 설득해서 같은 생각을 갖게 하는 것은 불가능하며 건강한 방법이 아닙니다. 그보다 서로 '아 저 사람은 저래서 저런 생각을 하는구나'라는 생각을 갖는 것이 훨씬 중요합니다. 나와 다른 생각을 가진 사람이 틀린 사람, 잘못된 생각을 가진 사람이 아니라 다른 사람이라는 생각을 갖는 것이 중요합니다.

3) 기존의 체제를 파괴하려 노력하지 말고 새로운 것을 제시하자
(Present your radical ideas)

다양성의 시대, 다양성의 정치에 들어서는 만큼 새롭고 창의적인 아이디어가 많이 생겨나고 있습니다. 각자의 관점에서 보는 대한민국의 정치는 모두에게 다른 의미일 수밖에 없습니다. 대기업은 기존 산업 보호를 원하겠지만, 스타트업을 하는 사람은 기존 산업을 해체하고 싶을 것입니다. 집이 있는 사람은 부동산 가격이 오르기를 원하고 집이 없는 사람은 떨어지기를 원할 것입니다. 어떤 사람은 의료를 통해 돈을 벌고 싶은 반면, 어떤 사람은 무료로 의료 서비스를 이용하고 싶을 것입니다. 국가 전체의 이익을 걱정하기보다는 각자의 입장에서 자신의 입장에 맞는 전문적이고 창의적인 아이디어들이 쏟아져 나오고 있습니다.

이러한 아이디어들을 잘 정리해서 의사결정을 하는 것이 정치의 역할입니다. 각자의 이해관계와 입장에 맞춰서 나온 모든 방안들을 다 정책으로 시행해버리면 세상은 천국이 아니라 지옥이 될 것입니다. 집값이 무조건 올라도 지옥이고 무조건 떨어져도 지옥이 됩니다. 기존 산업과 신규 산업의 균형이 한순간에 완전히 깨진다면 그것 역시 엄청난 혼란을 가져올 것입니다.

그렇지만 중요한 것은 지금의 변화가 아니라 우리의 지향점입니다. 우리가 어느 방향으로 서 있는지에 따라 조금씩 나아가다 보면 몇 달 후에는 전혀 다른 곳에 가 있을 것입니다. 그리고 언제든지 지향점을 바꿀 수 있는 유연성 역시 중요합니다. 시대와 국제 정세와 우리나라 시민들의 창의적인 생각들은 시시각각 변하고 있고, 변화에 가장 느린 영역인 정치가 그것에 적응하며 나아가려면 늘 유연하게 방향을 바꿀 수 있어야 합니다.

지향점을 설정하기 위해 창의적이고 파괴적인 아이디어들은 매우 중요합니다. 그렇지만 바로 파괴할 필요는 없고 지금 그 아이디어들이 세상을 파괴할까 봐 두려워할 필요도 없습니다.

4) 다양한 생각을 데이터로

옥소폴리틱스의 미션은 '모든 사람의 모든 생각'입니다. 사람들의 다양한 생각들이 모자이크처럼 어우러져, 함께 생각의 지도를 그리고 공유합니다. 다양한 생각들은 기존에 없던 질문을 만들며, 문제를 다면적으로 그리고 여러 시선으로 바라보게 합니다. 여러 가지 시선을 공유하면 같은 문제를 더 넓은 시야로 이해하고, 나와 다른 입장에 공감할 기회를 얻게 됩니다. 새로운 문제를 해결하기 위해서 기존과 다른 생각이 필요합니다. 따라서 다양한 목소리는 혁신의 단초를 마련해줄 것입니다.

우리는 이전 세대와 달리 유혈 투쟁이나 희생 없이 사회에 대한 생각과 감정을 표현합니다. 각자의 목소리를 정치에 연결할 수 있는 플랫폼이 이것을 가능하게 합니다. 이는 정치가 모든 이슈에서 시작점의 역할을 수행하기 때문입니다. 국가 간 외교부터 개인의 일상까지 정치의 영향을 받지 않는 것은 없습니다. 사회의 시스템이 개인의 선택과 행동을 결정하는데 그 시스템은 정치가 결정하기 때문입니다.

정치의 중요성에 의문을 품을 사람은 없습니다. 정치에 관심을 가지고 적극적으로 참여해야 한다는 생각은 민주주의 사회의 공리가 되었습니다. 문제는 정치가 복잡하고 어렵다는 사실입니다. 수많은 이해관계와 역학관계가 쟁점을 만들고, 그에 따른 목적을 얻기 위해 오류와 거짓이 동원됩니다. 이 때문에 대다수가 정치에 무관심하고, 정치적 토론은 소모적인 갈등으로 끝납니다. 옥소폴리틱스는 이러한 문제를 '소통과 데이터'로 해결하려고 합니다. 정치적 생각과 관점을 데이터로 가공하여 사실적이고 논리적인 소통의 기반을 확보하는 것입니다.

5) 정치는 잘해야 합니다

사람이 둘 이상 모인 곳에는 필연적으로 정치가 발생합니다. 제한된 자원을 싸우지 않고 효율적으로 나누기 위해서는 친구부터 가족, 학교, 기업, 사회, 국가 구성원 사이에 원칙과 규칙이 필요합니다. 국가 단위에서는 그 원칙을 헌법이라고 하고 규칙을 법률이라고 합니다. 그리고 민주주의 국가에서는 국민 한 사람 한 사람의 뜻을 모아서 원칙과 규칙을 정합니다.

정치를 잘한다는 것은 무슨 뜻입니까? 대답은 정치관에 따라 달라집니다. 개인이 국가 발전을 위해 헌신해야 한다고 믿는 국가주의 성향의 사람들은 정치가 국민을 어떻게 잘 통제하고 순응하게 만드는지 여부로 정치를 판단합니다. 경제 발전에 올인하고 싶은 사람들은 주가나 경제지표로 정치를 판단하곤 합니다. 사회 개혁을 원하는 사람들은 얼마나 사회 개혁을 잘하는지를 가지고 판단하며, 혁신하고 싶은 사람들은 정부가 얼마나 혁신을 잘 돕는가를 통해 판단합니다.

경제 발전에 올인하고 싶은 사람과 사회 개혁을 원하는 사람이 만나서 정부가 정치를 잘하는지를 토의하면 이야기는 끝없이 헛돕니다. 경제 발전을 원하는 사람은 정부가 경제 발전에 잘못 기여하고 있는 근거를 이야기하겠고, 사회 개혁을 원하는 사람은 정부가 사회 개혁을 얼마나 잘하는지 이야기할 것입니다. 결국 경제보다 사회 개혁이 더 중요한지, 경제가 더 중요한지를 가지고 싸우다 대화가 끝나곤 합니다.

6) 다른 이념을 가진 사람들이 함께 정치적 큰 그림을 그려갈 수 있는 공간

정치적 토론을 위해서는 우선 내가 무엇을 원하는 사람인지 명확히 해야 합니다. '저 사람은 사회 개혁에 관심이 없구나. 그러면 저런 말을 할 수도 있겠지'라고 생각하면 대화 양상이 달라질 수 있습니다. 관심사가 다른 사람은 그냥 생각이 다르구나 정도로 넘어가면 됩니다.

그동안 생각이 다른 사람과 이야기하는 것은 엄청난 스트레스였습니다. 그래서 다양한 포털과 커뮤니티로 나뉘어 각자 따로 자신들의 믿음만 이야기하며 정치 토론을 하였습니다. 그러다 보니 서로의 논리를 강화하고 다른 의견에 귀를 닫는 결과를 낳았습니다.

옥소폴리틱스는 정치적 신념에 상관없이 함께 놀면서 자신의 신념을 밝히고 가볍게 주제에 대한 입장을 밝힐 수 있는 곳이 되었으면 좋겠습니다. 더불어 각 주제에 대한 옹호와 비난보다는 우리나라에 어떤 생각을 하는 사람들이 얼마나 많은지 정치의 큰 그림을 함께 그리는 공간이 되었으면 좋겠습니다.

7) 정치적 부족들

정치 이야기는 정말 무섭습니다. 무슨 말을 해도 누군가에게 공격이 쏟아집니다. 35년간 우리를 식민지배했던 일본은 나쁘다고 하는 모두가 공감할 것 같은 발언도 누군가에게는 반일 종족주의라고 비난을 받습니다. 다양한 이슈에 대해 어떤 말을 해도 누군가에게 비난을 받고 공격을 받는 주제는 끝없이 많습니다. 그래서 우리는 되도록 정치 이야기를 피하게 됩니다. 친구 관계, 가족 관계, 회사 동료 관계가 정치 이야기를 하고 싶은 마음보다 더 중요하기 때문입니다.

그래서 싸우지 않는 정치 토론을 할 수는 없을까 고민해봤습니다. 개인적으로 여러 실험을 해 본 끝에, 싸우지 않는 토론을 하려면 내가 어떤 입장을 가진 사람인지를 밝히는 것이 많은 도움이 된다는 결론을 얻게 되었습니다.

누군가 '건물 임대료가 오르는 것은 자본주의 사회에서 당연한 일이고 세입자는 당연히 그것을 감당해야 한다'고 주장한다면 그것은 논란의 대상이 됩니다. 그런데 그 앞에 한 문장만 붙이면 양상이 많이 달라집니다.

'난 건물주다. 건물 임대료가 오르는 것은 자본주의 사회에서 당연한 일이고 세입자는 당연히 그것을 감당해야 한다' 이렇게 자신이 어떤 입장을 가진 사람인지, 어떤 가치를 추구하고자 하는 사람인지를 밝히면 '저 사람은 자신의 이해관계를 위해 저렇게 주장할 수도 있겠다'는 생각이 들게 됩니다.

그래서 옥소폴리틱스는 '정치적 부족(Political Tribes)'의 개념을 도입했습니다. 내가 무슨 생각을 하는 사람인지 먼저 생각하는 것입니다. 처음 가입한 사람은 정치적 사안에 대한 질문들을 보고 답하게 되고, 답을 마치면 호랑이·하마·코끼리·공룡·사자 중 하나의 부족에 소속됩니다. 이렇게 나누니 다른 사람들의 의견은 '옳고 그름'이라는 토론의 대상이 아니라 신념과 가치관, 이해관계 차이에서 오는 '다른' 생각이라고 느끼게 됩니다. 동물 이름으로 부족 이름을 정한 이유 역시 싸우기 힘든 문화를 만들기 위해서입니다. '저 사람은 우파야', '저 사람은 좌파야'라고 하기보다 '저 사람은 사자 부족이야', '저 사람은 호랑이 부족이야'라고 하면 싸울 일도 줄어들 것입니다.

한별 님의 이야기: 정치에 쉽게 다가가기

원래 저에게 정치 이야기는 싸움과 직결된 주제예요. 싸움과 직결되는 이야기였기 때문에 정치에 관심을 갖지도 않았고, 정치를 알고 싶어 하지도 않았어요. 그런데 사회생활을 시작하면서, 결혼하고 가정을 꾸리며 다양한 사회 현상 가운데 있다 보니 '정치를 알아야겠다', '정치에 관심을 가져야겠다'는 마음이 생겼어요. 지역 정치와 같이 우리 주변에서 일어나는 정치에 대해서 알지 못하면 불이익이 발생하는 일들이 있잖아요. 정치가 내 삶에서 먼 게 아니라 내 삶 속에서 연관되어 있다는 것을 느끼는 순간 정치를 알아야겠다고 생각했어요. 그런 측면에서 옥소폴리틱스가 굉장히 도움이 됐어요.

일하는 입장에서 옥소폴리틱스가 추구하는 '모든 사람의 모든 생각' 이 자신의 역량을 펼칠 수 있는 굉장히 좋은 미션이라고 생각해요. 내가 엔지니어로서 입장을 냈을 때 그것들이 무시되지 않고 '재미있겠다', '가능성이 있다'는 생각이 들면, 시너지 효과가 일어나서 더 좋은 생각으로 발전해 나가는 과정을 굉장히 많이 겪었어요. '너의 생각은 회사의 대표적인 생각이 될 수 없어'가 아니라 '너의 생각이 회사의 생각이 될 수 있다'고 격려해줘요. 그러다 보니 능력과 생각의 차이는 있겠지만 모든 사람의 생각이 같은 레벨에서 중요한 생각으로 여겨져요. 그 부분이 팀 분위기에 좋은 영향을 미치죠.

그리고 유저로서 옥소폴리틱스에서 좋은 인상을 받았던 것은, 유저들이 스스로를 정화한다는 사실이에요. 서로를 존중하지 않는 생각, 혐오하는 생각이 왔을 때, '우리는 그런 커뮤니티가 아니야. 우리가 공유할 수 있는 어떤 아이디어를 갖고 오면, 너가 어떤 정치적인 색깔을 갖고 있든 같이 이야기할 수 있어. 그러니까 매너만 갖춰. 그러면 우리는 너를 환영할 거야'라고 유저들이 자정 작용을 하는 거예요. 너무 신기했어요. 갈등 조장 글이 올라올 때도 '우리 그런 커뮤니티가 아니야. 매너만 갖춰. 그러면 누구도 혐오하지 않을 거야'라는 식으로요.

예전에 호현 님께서 기업문화에 대해 이야기하실 때, 에어비앤비(Airbnb)의 사례를 들려주신 적이 있어요. '호스트는 이렇게 합니다. 그리고 게스트는 이렇게 합니다. 에어비앤비에서 호스트는 이런 식으로 행동하는 사람입니다'와 같이 법으로 강제하기보다 호스트로서의 프라이드를 세워주고 어떻게 행동해야 되는지 알려주면, 호스트가 스스로 그렇게 된다고 강조하셨어요. 그리고 게스트 또한 '내 돈 내고 쓰니까 마음대로 써야지'가 아니라 게스트로서 이런 예절을 지키는 프라이드 있는 사람이었으면 좋겠다고 세워줬더니, 그들이 그렇게 행동했다는 스토리를 많이 이야기하셨어요.

옥소도 그렇게 되더라고요. 서로를 혐오하는 게 아니라 '사자는 이런 사람들입니다', '호랑이는 이런 사람들입니다'라고 '모든 사람의 모든 생각'이라는 미션 안에서 서로 프라이드를 갖고 행동하고, 서로 이해한다는 게 직접적으로 드러나요.

찬현 님의 이야기: 옥소폴리틱스가 사회에 기여할 수 있는 것

모든 생각들이 데이터화되기 때문에 불필요한 분쟁이 좀 적어질 수 있을 것 같아요. 옥소폴리틱스 안에서 보면 좌파, 우파로만 나눠지지 않고 사안별로 모두 다른 응답들이 나와요. 같은 좌파 성향이더라도 어떤 사안에 대해서는 응답이 나뉘거든요. 그리고 그게 데이터로 나오면서는 점점 '우리 데이터에 이런 것들이 있잖아'라는 식으로 데이터 중심의 대화를 해서 소모적인 분쟁들이 많이 사라질 수 있겠다는 기대가 있어요.

11
옥소폴리틱스의 조직문화
: 역할조직

1) 역할조직

위계조직(Rank-driven Organization)은 가장 지위가 높은 사람이 모든 것을 결정하고 아랫사람은 그 명령을 빠르게 수행합니다. 그러나 역할조직(Role-driven Organization)은 각 역할에 따라 결정권을 갖습니다. 목표를 정하고 각자의 전문성을 살려 각자가 생각하는 최선으로 그 목표에 기여합니다.

(1) 매니저에게 '리포트'하기

자신이 엔지니어라면 엔지니어링 매니저에게 '리포트'합니다. 리포트는 보고서를 제출하는 것이 아니라 내가 무엇을 했는지, 무엇을 할 것인지 알리고 내가 언제 휴가를 쓸 것인지, 내가 언제 아기를 낳고 육아휴직을 할 것인지 이야기하는 일입니다. 매니저는 그 일과 휴가가 다른 사람들의 일과 어떻게 균형을 맞추는지 판단하여 피드백을 제공합니다. 나의 엔지니어링 매니저는 디렉터에게 똑같이 리포트합니다. 리포트하는 것은 허락을 구하는 것이 아니라 필요한 정보를 공유하는 일입니다.

(2) 회사 내 누구도 나에게 '갑질'하지 않습니다

내 출퇴근 시간에 대해서 눈치를 주지 않고, 심지어 내 성과에 대해서도 눈치를 주지 않습니다. 1월과 7월에 지난 반년 동안 내가 무엇을 했는지 쓰고, 나와 함께 일한 모든 동료들과 매니저는 내 레벨에 비추어 내 업무가 어떠한 성과를 냈는지 절대평가로 평가합니다.

한편, 내가 앞으로 10년간 지금의 레벨에 머물러 있다고 해서 한심한 사람으로 취급받거나 퇴직하라는 눈치를 받지는 않습니다. 다만 내 연봉은 최소한으로 오르고 나보다 늦게 들어온 사람들이 나보다 빨리 승진하는 경우도 발생할 것입니다.

형지 님의 이야기: 역할조직의 매력

제가 생각하기에 옥소폴리틱스 역할조직의 제일 큰 장점은, 내가 다른 사람을 논리로 설득해내면 내 레벨의 높고 낮음과 상관없이 나의 주장이 서비스에 반영된다는 점이에요. 하루에도 수많은 결정들이 프로젝트 단위로 이루어지고 있는데, 논의를 할 때 수많은 의사결정에서 이러한 것들이 이루어지고 있어요. 물론 회사 전체의 비전을 보고 큰 그림을 그리는 사람은 조금 더 설득력이 높을 수밖에 없긴 합니다. 그러나 그 사람이 다른 사람보다 설득력 있어 받아들여지는 것이지, 그 사람의 레벨이 높아서는 아니라고 생각해요. 그래서 나보다 레벨이 높은 사람보다 더 좋은 의견을 내려면 공부를 더 해야 되는 거죠. 실질적으로 낮은 레벨의 구성원이 제안하는 콘텐츠나 디자인들이 상당수 반영되고 있습니다.

자신의 강점을 들고 싸워야 되기 때문에 나만의 무기가 있어야 해요. 저는 역할조직에 대해 처음 들었을 때 경력직이라는 생각이 들었거든요. 경험이 많은 경력직을 뽑는다는 생각에 입사 당시에 부담이 컸고 지금도 생각이 크게 다르지는 않아요. 그런데 경력을 다른 것으로 커버할 수 있는 게 역할조직이 될 수 있다는 생각이 들어요. 여기서 말하는 '다른 것'은 내가 좋아하고 잘하는 것으로 문제를 해결하는 것이라고 정의할 수 있어요. 제가 정리를 좋아하는 것을 활용해서 소통체계를 만든 것도 사례가 될 수 있겠네요.

'도화지 같은 사람은 역할조직에 맞지 않다'라는 말에 많이 공감해요. 이력서나 자소서 쓸 때 그런 말을 많이 했거든요. '뭐든 다 잘할 수 있고, 경험이 많아서 대응도 빠르며 습득력도 빠릅니다. 그래서 뭔가를 시키면 빠르게 리서치해서 적응할 수 있습니다'라고 했었는데 옥소폴리틱스에서는 쓸모 없는 말이에요. 그런 사람을 바라지도 않고요. 왜냐하면 여기서 전문가의 자격으로 호현 님이나 찬현 님과 싸워야 하는데 빠른 습득력은 의미가 없는 거예요. 결국 도화지 같은 부분이 아니라 자신의 강점을 들고 싸워야 된다는 의미에서 나만의 무기가 있어야 한다고 생각해요.

책임감은 무겁지만 그만큼 기회도 많은 것이 역할조직인 것 같아요. 역할조직은 개개인을 '전문가'로 대우하며 결정 권한을 주는데, 그만큼 책임져야 하는 것도 많기에 어려운 부분이 있어요. 왜냐하면 나에게 충분한 인사이트가 있어야 책임을 질 자신감이 생기고 결정을 내릴 수 있으니까요. 책임이라는 게 처음엔 부담스러울 수 있는데, 내가 책임지고 하면 된다고 생각을 바꾸면 그때부터는 강력한 동기부여 수단이 되는 것 같아요. 내가 내 분야에서 책임을 많이 질수록 기회도 그만큼 따라왔던 것 같고요. 레벨과 상관없이 누구나 아이디어를 제안하고 시도해 볼 수 있는 것이 제가 느낀 역할조직의 장점이라고 생각합니다.

옥소폴리틱스에 들어왔을 때 QA(품질 보증)팀에 저 혼자만 있었어요. 제가 들어오면서 QA팀이 새로 만들어졌고, 구성원들에게 제 역할이 소개될 때, 엔지니어나 다른 부서 팀원분들이 QA가 정말 중요한 역할이라고 피드백을 해주셔서 부담감이 컸던 것 같아요.

전문성이나 경력이 충분하지 않기도 하고, 옥소 이전에는 정해진 사항들, 단순히 체크리스트들만 확인하는 일을 했었거든요. 그런데 옥소에 와서 체크리스트를 새롭게 만드는 일도 해야 되고, 체크리스트를 만들기 전에 다른 팀원들과 협업해야 하는 일들이 정말 많았어요.

내가 맡아야 하는 일도 많고, 역할도 많은 게 역할조직의 특징이라는 사실을 깨닫게 되었죠. 역할조직의 신입은 할 게 너무 많으니 어디서부터 무엇을 해야 할지 모르는 게 가장 어려웠던 것 같아요. 또 제가 무언가를 제시하는 게 회사의 막내로서가 아니라 QA팀의 책임자가 말하는 것이 되니 부담이 있었어요.

제가 해왔던 업무 툴은 엑셀 시트였는데, 엔지니어와 미팅했을 때는 별도로 사용하는 캐스팅 툴이 있다고 하셨어요. 캐스팅에 대해서 많이 아시는 엔지니어가 계시니 일을 할 때마다 자꾸 눈치를 보게 되더라고요. 제가 '엑셀 시트로 할게요'라고 했는데 다른 팀원이 '진짜 괜찮은 거 맞아요? 현장에서 그렇게 써도 괜찮대요?'라고 의견을 주시면 눈치를 보면서 팀원 의견에 맞추게 되더라고요. 그래서 온보딩하고 적응할 때는 그런 부분이 좀 많이 힘들었어요.

2) 위계조직(Rank-driven Organization) vs. 역할조직(Role-driven Organization)

의사결정 권한은 기업에서 가장 중요한 권력이며, 가장 적합한 사람이 가져야 하는 권한입니다. 전체적인 큰 그림을 볼 수 있어야 하면서도 실무의 문제들까지 고려해야 합니다. 그렇지 않으면 탁상공론이 되어버려 비현실적인 결정을 하거나, 실무에만 치우쳐서 전체 사업에 도움이 안 되는 결정을 내릴 수도 있습니다.

상하관계가 중요시되는 기업에서 의사결정은 '우리'의 과장님, 부장님, 팀장님, 사장님이 하게 됩니다. 엔지니어가 의견을 낼 수는 있지만, 그것을 받아들이는 것은 절대적으로 '윗사람'의 권한입니다. 그래서 덜 권위적인 윗사람은 아랫사람의 이야기를 경청하고 현명한 결정을 내리기도 하며, 스티브 잡스 같이 뛰어난 식견이 있는 사람은 혼자 그린 비전을 향해 전 조직을 달려가게 하기도 합니다.

이러한 구조를 위계조직(Rank-driven Organization)이라고 하겠습니다. 위계조직은 윗사람의 결정에 따라 신속하게 움직일 수 있습니다. 마치 군대와 같이 일사불란한 움직임이 중요할 때 활용되는 구조입니다. 하지만 위계조직은 변화에 약하다는 단점을 가지고 있습니다. 한 방향으로 달려가던 차의 방향을 바꾸는 것처럼 많은 마찰이 발생합니다.

역할조직(Role-driven Organization)에서는 위아래가 아닌 각자의 역할에 따라 책임을 지고 의사결정을 하며 업무를 수행합니다. CEO는 기업의 비전을 제시하고 전체를 관리하는 역할을 하며, 엔지니어는 실제 코드를 작성하며 시스템을 설계합니다. 엔지니어링 매니저는 엔지니어가 최대한 효율을 발휘할 수 있도록 엔지니어에게 무엇이 필요한지, 무엇을 배워야 하는지, 다른 팀과 문제는 없는지 끊임없이 물어보고 조율합니다. 프로덕트 매니저는 자신이 맡은 프로덕트가 사용자에서 어떻게 비치는지, 프로덕트를 개선하려면 어떤 일을 해야 하는지에 대한 의사결정을 내립니다. 역할조직의 장점은 모든 사람에게 의사결정권이 있기 때문에 민주적이고, 개개인의 능력을 최대한 발휘하게 할 수 있으며 변화와 혁신에 용이하다는 것입니다.

반면 권한과 책임이 분산된 만큼 두 가지의 단점이 있습니다. 첫째로, 구성원 차원에서 팀 간, 개인 간 비전이 맞지 않으면 분쟁이 걷잡을 수 없게 커집니다. 그래서 이러한 기업에서는 핵심가치(Core Value)나 미션(Mission Statement)에 대한 이해가 매우 중요합니다. 두 번째로, 모든 구성원의 능력이 뛰어나야 합니다. 개개인의 직원들에게 결정권이 주어지기 때문에 잘못된 결정을 내릴 경우, 기업이 쉽게 무너질 수도 있습니다.

이상적인 위계조직 구성원은, 질문은 최소로 하고 시키는 일을 효율적으로 빠르게 잘 해내는 사람입니다. 반대로 이상적인 역할조직 구성원은 항상 질문하고 스스로 의견을 내는 사람입니다. 그리고 잘못된 의사결정을 내릴 리스크를 최소화하면서 일을 하는 사람입니다. 그렇기 때문에 위계조직에서는 성적으로 사람을 뽑으면 잘못된 사람을 뽑을 가능성을 최소화할 수 있습니다. 그들은 이미 열심히 주어진 일을 해내는 사람들이기 때문입니다. 반대로 역할조직에서는 특정 분야의 능력이 뛰어나고 넓은 시야를 가진 사람이 필요합니다.

위계조직과 역할조직의 차이를 정리하면 다음과 같습니다.

위계조직(Rank-driven Organization)

특징: 중앙집권적 의사결정

호칭: 과장, 부장, 사장 등 직급에 따른 호칭

장점: 빠른 의사결정과 수행

단점: 변화와 혁신에 취약. 소수 의사결정권자의 능력에 따라 조직의 성과가 좌우됨

이상적 구성원: 하달된 일을 빠르고 효율적으로 수행하는 사람

역할조직(Role-driven Organization)

특징: 각 구성원에 분산된 의사결정. 자신의 역할에 대한 의사결정

호칭: 엔지니어, 프로덕트 매니저, 엔지니어링 매니저, CEO, COO, CFO 등 역할을 반영하는 호칭

장점: 변화에 빠르게 대처할 수 있음

단점: 구성원 개인의 목표와 가치관이 일치하지 않을 경우 많은 혼란이 야기됨. 미션, 핵심가치 등이 중요하며, 개개인의 의사결정 능력이 중요하기 때문에 구성원 개인의 전문성이 중요하고 채용에 많은 비용 발생

이상적 구성원: 자신의 역할에 책임을 지고 신중·탁월한 의사결정을 하며, 전문성을 바탕으로 자신이 맡은 업무를 창의적이고 혁신적인 방법으로 해내는 사람

3) 직원의 가치 차이

실리콘밸리 기업이 원하는 인재는 어떤 사람입니까? 스스로 생각하는 사람, 프로페셔널한 사람, 성실한 사람 모두 좋지만 핵심은 바로 기업의 문제를 해결해 주는 사람입니다.

위계조직에서 한 사람의 가치는 그 사람이 가진 모든 역량으로 계산됩니다. 뛰어난 성적이 제일 중요하며, 얼마나 성실하고 눈치 빠르게 일을 잘하는지가 중요합니다. 원만한 인간관계와 회사에 대한 충성심도 중요합니다. 위계조직이 종합적인 평가를 통해 한 사람의 역량 전체에 기반하여 보상을 산정하는 이유는 그 사람에게 어떤 일이든 시킬 수 있기 때문입니다. 위계조직에서는 발령에 따라 기획팀, 전략팀, 인사팀, 홍보팀에도 갈 수 있습니다. 그러한 상황에서는 회사 생활에 필요한 모든 능력이 출중한 올라운드 플레이어, 제네럴리스트가 필요합니다. 팀워크도 좋고, 일도 깔끔하게 하며, 성실한데다 회사에도 충성하고, 윗사람의 눈치도 잘 보는 사람이 필요합니다.

역할조직에서 사람의 가치는 '그 사람이 해결할 수 있는 문제의 가치'입니다. 역할조직에서는 정확히 문제를 정의하고 그 문제를 해결해 줄 수 있는 사람을 찾습니다.

자연언어 처리를 할 수 있는 사람, 결제 시스템을 만들 수 있는 사람, 프로젝트 리딩을 잘 하는 사람, 시키는 코딩을 열심히 할 사람 등을 찾습니다. 그러다 보니 업무와 관계없는 능력은 별로 중요하지 않습니다. 엔지니어 업무를 통해 회사의 큰 문제를 해결할 수 있다면 원만하지 못한 성격이든, 늦잠을 자든, 회사에 충성심이 없든 큰 문제가 되지 없습니다. 전문가답게 임금을 받고 받고 문제를 해결해 주면 됩니다.

그래서 면접에서 하는 이야기 역시 완전히 다릅니다. 위계조직에서는 내가 얼마나 똑똑한지, 빨리 배우는지, 회사에 충성할 것인지, 동료들과 원만한 관계를 가질 것인지를 어필하는 것이 중요하지만 역할조직에서는 회사의 문제를 파악하고 내가 그 문제를 어떻게 해결할 수 있을지 제시하는 것이 필요합니다.

더불어 그 문제를 해결했을 때 회사가 얻을 수 있는 가치를 계산할 수 있어야 합니다. '내가 당신의 회사의 인공지능 엔지니어링 문제를 해결해 줄 수 있어요. 그 문제를 해결하면 회사가 100억 원을 벌죠? 그러면 제 연봉은 10억 원만 주세요'라고 협상할 수 있는 능력이 중요합니다.

개별 회사나 팀에서 풀어야 하는 문제가 다르기 때문에 저마다 뽑는 인재상도 다릅니다. 위계조직이 많은 인재 시장에서는 전체 능력을 성적순으로 나열하고 높은 성적의 인재는 좋은 회사를 선택해서 들어갈 수 있습니다. 그러나 특정한 문제를 해결해야 하는 역할조직들이 많은 인재 시장에서는 회사마다 뽑는 기준이 다릅니다. 즉, 구글에 합격한 사람이라고 해서 에어비앤비나 페이스북에 자동으로 합격할 수 있는 것은 아닙니다.

예를 들어, 구글은 공학 박사들이 만든 회사인만큼 공학적으로 뛰어난 사람을 찾는 경향이 있습니다. 주변을 보면 꼼꼼하고 완벽하게 문제를 해결해 나가는 사람이 구글에 많이 입사했습니다. 구글에 가면 면접부터 완벽한 코딩을 요구하는 경우가 많으며, 공학 박사들이 많이 입사해 있습니다.

반면 메타로 이름을 바꾼 페이스북은 마크 저커버그처럼 빠르게 해킹해서 새로운 것을 만들어 내는 사람들을 선호합니다. 페이스북은 훨씬 편안한 분위기에서 상대적으로 쉬운 엔지니어링 문제를 주는 경향이 있는데 얼마나 문제 접근을 잘 해내는지, 문제 풀이 과정이 논리적인지를 확인하는 것이 핵심이었습니다. 물론 면접관마다 다르기 때문에 면접 경험을 일반화할 수는 없지만 메타는 여기저기 'Fail Fast', 'Hack'이란 말이 가득 써 있습니다. 이야기를 들어보면 완벽한 테스트보다는 빠르게 신기능을 만들어 실험해 보고, 실패하면 빠르게 다른 시도를 하는 경우가 많았다고 합니다.

에어비앤비는 다른 사람을 친절하게 맞아주는 에어비앤비 호스트 같은 사람을 뽑습니다. 엔지니어 역시 친절하게 협업을 잘 하는 사람이 되기를 요구합니다. 에어비앤비는 전 지원자를 상대로 문화 면접을 봅니다. 테스트에서는 '당신이 에어비앤비 호스트라면 당신의 집을 어떻게 꾸며서 게스트에게 감동을 주고 싶은가요?'와 같은 질문을 합니다. 어떤 뛰어난 엔지니어가 엔지니어링 시험을 완벽히 통과한 후 문화 질문에서 '그런 것에는 관심이 없다'라고 답해 떨어진 사례도 있었습니다.

이렇게 실리콘밸리에서는 각 회사의 다른 문화를 이해하고, 직무 분석표에 기재된 회사의 문제를 정확하게 이해해 내가 왜 그 문제를 풀 수 있는지를 설명할 수 있는 사람이 취업할 가능성이 높습니다. 그리고 내가 해결할 수 있는 문제의 가치를 제시하면 연봉 협상도 수월하게 할 수 있습니다. '나를 뽑으면 3억 원의 비용이 들겠지만 10억 원을 벌 수 있어'라고 이야기하면 뽑지 않을 회사가 없을 것입니다. 물론 그러한 주장에는 어떠한 경험을 가지고 있는지, 그 문제를 얼마나 잘 이해하고 있는지, 그리고 명확한 해결 전략을 제시할 수 있는지 등 충분한 근거가 필요합니다.

찬현 님의 이야기: 역할조직과 위계조직은 대립 관계가 아니다?

역할조직 자체가 위계조직과 대립하는 것은 아닙니다. 일반적으로 위계조직은 대표가 모든 것을 결정하고 이를 통해 다른 결정들이 이루어지는 건데, 역할조직은 각 영역과 레벨에 따라서 결정권이 존재해요. 역할조직은 각 영역과 역할마다 위계가 적용되어 있어요. 예를 들어 디자인의 경우, 디자인 영역 안에서는 위계조직의 방식으로 진행됩니다. CEO가 디자인에 대해 다른 의견을 내더라도, 디자인 영역의 결정권을 가진 사람에게 우선권이 있어요. 프로덕트 기획에 대해서는 그 담당 기획자가 의사결정에 우선권을 갖게 되고요. 각 팀 안에서 분명히 더 중요한 결정을 하는 사람들이 존재하기 때문에 팀별로 의사결정 구조를 보면 위계조직처럼 보일 수도 있어요.

역할조직을 설명했을 때 수평조직이라는 이미지 때문에 '나도 의견을 이야기했는데 왜 내 의견이 쉽게 무시당하지?'라고 오해하고 '이러면 위계조직과 차이가 없는데?'라는 의문을 가질 수 있어요. 명확하게 인식해야 할 부분은 분야별 결정권이 분산되어 있고, 내 분야에 있어서는 무시되지 않지만 다른 분야에 대하여 이야기했을 때는 얼마든지 무시당할 수도 있는 시스템이라는 사실입니다.

4) 일을 분배·수행하는 방법의 차이

위계조직에서는 위에서 모든 것을 결정하여 일을 시킵니다. 그래서 한국의 소프트웨어 조직은 미국에 없는 '기획자'라는 직군이 있습니다. 모든 것을 다 설계해 일을 시키기 위해서는 종합적으로 설계할 사람이 필요합니다. 그리고 엔지니어, 특히 외주로 일하는 엔지니어들은 정확한 설계도에 맞추어 코드를 짜는 역할을 합니다. 이러한 방법은 이미 알고 있는 제품을 빨리 만드는 데 최적화되어 있습니다. 예를 들어 공장에서 자동차를 만들 때, 전체 설계는 위에서 진행하고 차량 문을 설치하는 라인에서 일하는 사람은 차에 문을 다는 것만 잘 하면 됩니다. 이 사람에게 프로젝트에 대한 전체적인 이해는 의미가 없습니다.

역할조직의 경우, 해당 영역의 전문가에게 프로젝트를 맡깁니다. 자동차에 문을 다는 역할을 하는 사람에게도 '이 설계도에 맞춰 여기에 이렇게 나사 5개를 이용하여 문을 달아주세요'라고 지시하는 것이 아니라 '문을 차에 달고 싶은데 어떻게 해야 할까요?'라고 물어봅니다. 문을 다는 엔지니어가 그 역할(Role)의 결정권자면서 전문가이기에 하달된 설계도보다 더 좋은 방법으로 문을 달 수도 있기 때문입니다. 전체적인 디자인과 다른 제품과의 호환성을 생각하면서 나사의 수를 바꿀 수도 있고 문을 닫을 때의 무게감과 소리 등도 세세하게 조절할 수 있습니다.

이렇게 창의력과 전문성에 기대어 문을 설치하도록 하면, 엔지니어는 신기술을 활용하여 세계 최고의 문을 다는 방법을 찾아낼 것이고 그것이 개인의 커리어가 될 것입니다. 소위 자동차 문 설치의 전문가가 될 것이고, 그러면 여러 기업에서 혁신을 이룬 전문가를 모셔오기 위해 인재 전쟁을 치를 수도 있습니다. 결국 문을 다는 엔지니어의 몸값은 천정부지로 상승하게 됩니다.

스스로 전문가가 되어야 해요. 그리고 나만큼 다른 사람이 전문가라는 걸 인정해야 돼요. 역할조직에서 프로젝트 역할을 분배하면서 그 분야에 있어 상대방이 자율적, 능동적으로 스스로 풀어낼 수 있다고 신뢰하는 거예요. 우리가 퍼즐 조각을 모아 맞추기로 했다면 저 사람이 만든 퍼즐의 품질 때문에 모든 게 망가질 것이라 생각하지 않는 게 중요해요. 그리고 저 역시 전문가로서 자신의 일을 충분하게 해낼 수 있을 거라는 자신감이 있어야 해요. 스스로 전문가가 되어야 한다는 것은 상대방이 전문가로서 결과물을 가지고 오는 것처럼 나도 전문가로서 사람들이 기대하고, 내가 말했던 결과를 만들어낼 수 있어야 된다는 말입니다. 내가 이렇게 이야기했고, 이렇게 만들기로 했다면 약속한 결과물을 만들어낼 수 있는 전문가여야 하죠. 상대방도 나에 대해 신뢰하고 기대하기 때문에 서로의 기대를 충족해주는 게 역할조직 안에서 중요합니다.

이에 더해서 전문가로서 전문가의 소리를 낼 수 있어야 해요. 프로젝트 실무를 할 때, 일정을 조율하고, 어디까지 가능하고, 무엇을 할 수 있고, 할 수 없는지에 대해 논의하게 돼요. 그때 내가 무엇을 얼마나 할 수 있는지, 어디까지 할 수 있는지를 제시할 수 없다면 일이 진행되지 않아요. 내가 완벽하게 그 자리에서 모든 고려사항을 이야기할 수 있어야 한다는 게 아니라, 그걸 제시하기 위해 전문가로서 누구의 도움을 받고, 어떤 식으로 만들어갈 것인지 프로젝트의 흐름을 파악할 수 있어야 된다는 뜻이에요.

프로젝트가 처음 시작되면 엔지니어, 디자이너, 프로덕트 매니저 등은 한 자리에 모여 두 장 성노의 기획서(Design Doc)를 만듭니다. 그들은 함께 최고의 결과물을 만들기 위해 자신의 전문 분야에 기반한 제안을 하고 함께 설계합니다. 각자의 전문성을 최대한 활용하는 것입니다. 이러한 과정에서 개발자는 최신 기술 등을 자연스럽게 적용해 볼 수 있고, 새로운 접근 방식을 생각해 볼 수도 있습니다. 위계조직의 방식처럼 기획자가 이미 설계한 것을 구현할 때에는 혁신적인 시도를 할 기회가 거의 없습니다.

또한 역할조직에서는 여러 사람이 설계를 하기 때문에 전체 프로젝트와 기업의 미션 등에 대한 깊이 있는 이해가 없으면 제대로 된 결정을 할 수가 없습니다. 그래서 위계조직에서 '좋은 말씀' 정도로 여기는 미션과 핵심가치, 비전 등은 역할조직에 있어 모든 직원들이 제대로 이해하고 있어야 하는 중요한 정보가 됩니다. 자동차의 문을 설치할 때에도 내가 전문가라면 내가 만들고 있는 차가 보급용 소형차인지 스포츠카인지에 따라 문 닫을 때의 소리, 열리는 각도 등을 세밀하게 조정할 수 있을 것입니다. 반면 시키는 일만 하는 단순 노동자라면 그냥 아무 생각 없이 나사를 조일 것이고 이러한 단순 노동자에게 비싼 값을 지불할 사람은 없을 것입니다.

(1) 우리의 프로젝트 vs. 나의 프로젝트

위계조직에서는 '위'에서 결정한 일을 빠르게 수행하는 것이 중요합니다. 그렇기 때문에 개인이 일을 빨리 하면 다른 사람들을 도와 전체가 일을 빠르게 수행할 수 있도록 도와주는 것이 자연스럽습니다. 이러한 구조에서는 개인이 빠르게 일을 하는 것에 대한 인센티브가 적기 때문에, 회사 전체에 대한 충성심과 애사심 등이 중요한 동기가 됩니다. 또한 한계를 넘는 것은 기업 전체의 업무 수행에 위험요소가 되기 때문에 능력 있는 개인에게 전문성에 따라 금전적, 지위상 인센티브를 부여하는 것이 어려워집니다.

반대로 역할조직에서는 각 개인이 기업의 미션에 맞는 프로젝트를 선택하여 책임을 맡습니다. 성공하면 인센티브가 주어지지만, 실패하면 오롯이 개인의 책임이 됩니다. 팀이 구성되어도 개개인의 책임은 명확하게 정의하여 분배합니다. 그러므로 일을 빨리 하게 되면 그만큼 자유 시간이 주어지며, 다른 사람의 일을 돕는 것은 그 사람의 책임 영역을 침해하는 것이 되므로 매우 조심스럽게 됩니다. 결국 느리고 일 못하는 구성원은 자연스럽게 도태됩니다.

역할조직에서는 개인의 책임을 다하는 것이 중요하기 때문에 어떠한 비용을 들여서라도 최고의 퍼포먼스를 내는 직원들을 채용하려 노력하며, 많은 연봉과 주식을 줍니다. 그렇지만 위계조직에서는 개인의 퍼포먼스가 최고가 아니어도 팀 전체의 조화가 중요하기 때문에 개인에게 많은 대가를 지불할 이유가 없습니다. 그래서 '너 아니어도 일할 사람은 많아'라는 말을 쉽게 할 수 있기도 합니다.

역할조직에서는 매니저도 하나의 역할입니다. 매니저는 나의 생사여탈권을 쥐고 있는 우리 상급자가 아니라, 나를 관리하는 것이 역할인 경력 많은 동료 직원입니다. 그러므로 매니저가 나에게 부당한 눈치를 주고 갑질을 하는 것은 상상하기 힘든 이상한 일입니다. 윗사람이라는 의식이 없는데 윗사람처럼 행동하는 사람은 그리 많지 않을 것입니다.

(2) 누구도 나에게 일을 강요하지 않습니다

'우리'의 프로젝트를 위해 일을 하면, 충성심을 가지고 남의 일까지 최선을 다해 맡는 사람이 성공하게 됩니다. 반면 각자가 '나'의 프로젝트를 위해 일을 하면 내 일만 끝내고 다른 사람의 프로젝트와 관련 없이 퇴근할 수 있으며, 상하 관계도 의미가 없어집니다. 또한 내가 우선순위를 어디에 두느냐에 따라 내 프로젝트를 뛰어난 프로젝트로 만들기 위해 밤새 일에 매달릴 수도 있으며, 가족과 시간을 많이 보내는 것을 선택할 수도 있습니다.

만약 내 일을 정의, 감시하는 윗사람이 존재하고 시키는 일을 재빨리 해내야 된다면, 개인은 주도적으로 일을 하기 어려울 것입니다. 창의적으로 어떤 일을 한다면 '왜 시키지도 않은 일을 하냐?'라고 핀잔을 들을 것입니다. 그렇지만 매니저의 역할이 팀이 잘 돌아가도록 관리하는 것이고, 나의 역할이 엔지니어링 기술을 최대한 발휘해 프로젝트를 멋지게 만들어 회사의 미션에 기여하는 일이라면, 시키는 일만 하는 것은 직무유기가 됩니다. 그 경우에는 전문성을 갖춘 내 커리어를 만들기 위해 최고의 기술을 써서 최고의 결과를 만들어 낼 겁니다.

역할조직이 혁신을 이룰 수 있는 이유가 바로 여기에 있습니다. 각자 주어진 일에 갇히지 않고 전문성을 최대한 살려 목표를 향해 노력하기 때문에 내 커리어를 위해서라도 혁신은 일상이 됩니다.

저 같은 경우, 옥소폴리틱스에서 일하면서 UX 라이팅이라는 분야에 관심이 생겼습니다. 저는 옥소에서 유저들이 읽는 질문 콘텐츠를 만드는 것 외에도 글을 쓸 일이 많았어요. 특히 서비스를 만드는 과정에서 디자이너들과 고민하며 버튼, 서비스 안내 등 앱 곳곳에 들어가는 문구를 쓰다 보니 전문성을 갖고 좀 더 잘하고 싶었어요.

UX 라이팅은 유저에게 '글을 쓰세요'라고 할 건지, '생각을 적어주세요'라고 할 건지, 버튼명을 '확인하기'라고 할지, '확인'이라고 할지 등 유저가 서비스 이용 과정에서 접하는 모든 문구에 해당합니다. 사실 이런 명칭이 있는지도 몰랐어요. 그냥 '다른 앱은 확인 버튼에 어떤 문구를 쓰지? 안내문에는?' 이런 식으로 찾다 제가 디자이너들과 하던 일이 UX 라이팅이라는 것을 알게 됐어요. UX 라이팅은 아직 모호한 영역이라 어떤 기업은 콘텐츠팀이, 어떤 기업은 UX팀이 담당하며, 또 아예 UX 라이터를 따로 뽑는 기업도 있다고 들었습니다. 이제 '센스 있게 하고 싶다'라는 생각을 넘어 '옥소의 UX 라이팅 시스템을 만들고 싶다'는 목표가 생겨 이를 위한 역량을 쌓으려 노력하고 있습니다.

6) 역할조직의 소통

모든 사람이 결정권자일 때, 어떻게 해야 제대로 된 결정을 내릴 수 있을까요? CEO가 나를 위해 결정을 내려주지도 않고, 내 매니저가 결정을 내려주지도 않습니다. 모든 사람은 결정권자이고 토론을 통해서 결정을 내립니다. 그렇다면 여러 사람이 동등한 결정권을 가질 때 어떻게 해야 제대로 된 결정을 내릴 수 있을까요? 수많은 사람들이 잘못된 결정을 내리고 서로 맞지 않는 결정들이 쌓이면 배가 산으로 가는 일이 생길 것입니다. 이 때 필요한 것이 미션과 핵심가치, 정보의 공유입니다.

(1) 의사결정에 필요한 것 1 – 우리 기업은 무엇을 하는 곳인가?

기업은 대중이 의식·무의식적으로 가지고 있는 문제 인식을 해결하기 위한 '미션'으로부터 출발합니다. 그리고 미션에 따라 상품이 생산됩니다. 역할조직에서 미션이 가지는 의미는 매우 중요하기 때문에, 우선 미션이 무엇인지 명확하게 하여 의사결정에 갈등이 생겼을 때 우리 기업이 무엇을 하는 곳인지 상기해야 합니다.

예를 들어, 에어비앤비의 미션은 '어디서나 내 집 같은(Belong Anywhere)', 즉 '전 세계 어디든 내 집과 같은 편안함'을 느끼도록 하는 것입니다. 만약 한 엔지니어가 집에서 쓰는 물건 하나 하나에 값을 부여해 물 한 잔을 마실 때마다 휴대폰으로 결제할 수 있는 시스템을 도입하자고 주장할 때, 다른 엔지니어는 집을 빌린 사람에게 그 집의 물건을 무료로 제공하자고 주장한다고 가정합시다. 만약 기업의 미션이 돈을 많이 버는 것이었으면 당연히 전자를 선택하겠지만, 미션이 명확하지 않다면 계속 싸우다 결국 목소리가 큰 사람이나 계급이 높은 사람이 이길 것입니다. 높은 사람의 중재가 필요할 수도 있습니다. 하지만 에어비앤비의 경우, 어떻게 하는 것이 더 '내 집에 있는 것 같은가'를 따져봅니다. 이렇게 같이 미션을 생각해보면 결정은 간단해집니다. 집에 있는 냉장고를 열 때마다 핸드폰으로 무엇인가를 결제해야 한다면 그것은 내 집에 있는 느낌과는 거리가 멀게 느껴집니다.

옥소폴리틱스의 미션은 '모든 사람의 모든 생각'입니다. 모든 사람의 모든 생각을 끌어내기 위해 할 수 있는 일은 단지 앱을 만드는 데에서 그치지 않습니다. 여론조사 업체를 만들 수도 있고, 언론을 만들 수도 있으며, 정보 이메일 서비스를 만들 수도 있습니다. 모든 사람의 모든 생각을 끌어내어 데이터화하고, 그것을 효율적으로 시민들과 정치인들과 언론에 전달하는 등 우리의 미션을 이루기 위해 많은 창의적인 시도가 필요합니다.

(2) 의사결정에 필요한 것 2 – 핵심가치 공유

핵심가치의 공유 또한 의사결정에 많은 영향을 미칩니다. 이번에는 트위터의 예를 살펴봅시다. 트위터의 핵심가치 중 하나는 '우리가 스스로에게 자랑스러운 방법으로 사업을 키워가자(Grow our business in a way that makes us proud)'였습니다. 트위터 앱에서 트윗 사이에 광고를 끼워 넣을 때, 몇 개에 한 번씩 끼워 넣어야 하는지를 가지고 논쟁이 생긴 적이 있었습니다. 어떤 사람이 '기업은 이윤창출이 우선'이라면서 두세 개의 트윗을 본 뒤에 광고를 하나씩 끼워 넣자고 주장했습니다. 그런데 다른 사람은 '그렇게 하면 우리의 사업이 덜 자랑스러울 것 같다'고 말했습니다. 모두 후자의 생각에 동의했고, 광고를 더 적게 삽입하면서 사용자의 경험을 중시하는 쪽으로 의사결정을 하게 되었습니다.

옥소폴리틱스의 핵심가치는 '우리는 데이터를 투명하게 전달합니다'와 '우리는 정확하게 소통합니다'입니다. 데이터 플랫폼인 옥소폴리틱스에게 투명하고 정확한 데이터 전달과 소통은 반드시 필요합니다. 데이터에 우리 견해를 섞지 않고 투명하게 전달하며, 넌지시 돌려서 소통하지 않습니다. 더불어, 실수가 있으면 명확하게 어떤 실수가 있었는지, 어떻게 개선해야 할지 토의하고 고객과 소통합니다.

(3) 의사결정에 필요한 것 3 - 정보의 소통

마지막으로 중요한 것은 정보의 소통입니다. 아무리 미션과 핵심가치를 이해한다고 하더라도, 정보의 양에 따라 할 수 있는 결정은 달라집니다. 데이터베이스를 선택하는 엔지니어가 있다고 가정해봅시다. 그는 전문적인 시각과 토론을 통해 최고의 데이터베이스가 무엇인지 찾아내기 위해 고민할 것입니다. 그런데 이전에 CEO가 A사와 계약을 맺어 다른 데이터베이스를 사용할 수 없고, 그 정보를 엔지니어가 모르고 있다면, 그동안의 고민은 모두 쓸데없는 것일 뿐입니다.

회사 내부에서는 사내 메신저나 사내 위키를 통해 소통을 명확히 해야 합니다. 항상 글로 남겨 모두가 알 수 있도록 하고 검색이 가능할 수 있도록 하는 것이 필요합니다. 물론 글로 쓴다고 해서 모든 사람이 읽고 인지했을 것이라 기대하기는 어렵습니다. 그래서 꼭 전달하고 싶은 내용은 미팅 등을 통해 계속 말로 전달하는 것도 필요합니다.

(4) 정보를 제한하는 위계조직

위계조직은 모두 비슷한 능력을 가지고 비슷한 일을 하면서 경쟁합니다. 그러한 상황에서 내가 가질 수 있는 가장 큰 힘은 '정보력'입니다. 위계조직에서는 의도적으로 정보를 제한합니다. 사장이나 회장이 제일 많은 정보를 알고 있고 상무, 부장, 과장 순으로 알고 있는 정보의 양이 줄어듭니다. 그러므로 말단에서 실무를 보는 직원들은 스스로 결정을 내릴 수 없습니다. 이렇기 때문에 위계조직에서는 윗사람이 아랫사람에게 '네가 뭘 안다고 결정을 해?', '누가 시키지도 않은 일을 하라고 했어?'라는 말을 할 수 있습니다.

위계조직에는 많은 사람들이 병목(Bottleneck)이 됩니다. 다시 말해 '내가 없으면 우리 팀은 안 돌아가'라고 말할 수 있는 사람이 많아집니다. 정보를 독점하고 결정을 내리기 때문에 실제로 그 '윗사람'이 없으면 팀은 어떠한 결정도 할 수 없습니다. 지금 내가 하고 있는 일이 끝나면 윗사람은 다음 일을 주어야 합니다. 이렇게 자리를 비웠을 때 회사가 안 돌아가는 사람들이 휴가를 가버리면 기업에 큰 타격이 될 수도 있기에, 많은 사람들이 편하게 휴가를 갈 수 없습니다.

(5) 정보를 공유하는 역할조직

역할조직에서는 한 명 한 명이 결정권자입니다. 아무리 말단사원이라도 그들이 내린 결정은 최종적이며, 그들이 책임을 집니다. 전문가들이 기업을 위해 최선의 결정을 내릴 수 있도록 하려면, 그들에게 가능한 최대한의 정보를 제공해야 합니다.

우리 회사가 어떤 회사와 독점계약을 맺었는지부터, 엔지니어들은 어떠한 언어를 쓰는 것이 좋은지, 디자이너들은 어떠한 디자인 스타일을 유지해야 하는지 표준화해서 소통해야 합니다. 결국 각 구성원은 자신이 선택할 수 있는 옵션이 얼마나 있는지 정확히 알고 있어야 합니다.

역할조직에서는 모든 직원이 업무와 의사결정에 필요한 정보를 모두 알고 있기 때문에, 결원이 생기더라도 빠르게 대체할 수 있습니다. 또한 정보를 공유하기 위해 문서화는 기본입니다. 사내 위키 문서들을 통해 문서화를 잘 정리하면 누구든 내 업무를 대체할 수 있습니다. 이렇게 구현된 역할조직에서는 구성원들이 언제든 휴가를 갈 수 있고, 다른 사람과의 소통을 높은 효율로 최소화하며 자기 스케줄에 맞추어 일을 할 수 있습니다.

7) 역할조직의 CEO: 경영 역할을 맡은 직장 '동료'입니다

(1) 위계조직의 CEO

CEO는 회사에서 가장 중요한 결정을 내리는 사람입니다. 위계조직에서 CEO는 가장 위계가 높은 사람으로서 회사의 거의 모든 결정을 담당합니다. 어떠한 결정도 CEO가 반대하면 취소됩니다. 그래서 CEO는 최종 책임을 집니다. 기업이 잘 되고 못 되는 것은 모두 CEO의 책임이며 직원들은 CEO의 결정을 믿고 따라야 합니다. 그래서 위계조직의 CEO는 종종 신격화됩니다. 위계조직에서 CEO의 결정사항을 무시하면 명령체계가 와해되고, 조직 자체가 붕괴될 수 있기에 CEO의 결정은 믿고 따를 만한 것이라는 신뢰를 주는 것이 중요합니다. 실제로 잘못된 결정을 하더라도 '지금은 모르지만 미래에는 옳은 결정일 것이다'라며 미래를 보는 CEO의 혜안이라 이해합니다.

위계조직에서는 조직의 명령체계를 흔드는 것보다, 나중에 문제가 생기더라도 지금의 결정권자에게 힘을 실어주는 것이 합리적인 선택입니다. 그래서 회사 전체의 미션보다는 CEO의 말과 생각이 더욱 중요하게 인식됩니다. 심지어 CEO가 엔지니어보다 엔지니어링에 관한 결정을 잘 내리고 디자이너보다 디자인을 보는 눈이 뛰어나다고 믿는 경향이 있습니다.

위계조직에서 CEO의 명령에 의문을 제기하고 수행하지 않는 것은 단순히 일을 안 하겠다는 뜻이 됩니다. 결정권이 없고, 위에서 시키는 일을 하는 하부 구성원이 CEO의 결정을 무시하고 다른 일을 할 수는 없기 때문입니다. 그러므로 문제제기는 CEO가 착한 사람이어서 들어주면 좋은 것이고, 아니면 아무런 의미가 없습니다.

위계조직에서는 아랫사람의 의견을 들어주었을 경우, CEO의 권위가 손상될 수 있기 때문에, 대부분의 경우 포용적으로 인식하고 자신의 의견처럼 활용할 뿐 의견을 낸 사람이 크게 얻을 만한 것은 없습니다. 반면 그 아이디어를 CEO가 좋아하지 않을 경우, 소중한 시간을 낭비한 '쓸데없이 나대는' 사람이 되어 큰 손해를 볼 수 있습니다. 그래서 상하 소통은 중요하지도 않고 위험하기까지 합니다. 결국 아래로부터의 소통은 소원 수리, 아이디어 수집 정도의 의미를 지닙니다.

(2) 역할조직의 CEO

역할조직에서 CEO의 역할은 완전히 다릅니다. 그는 기업을 대표하고 가장 중요한 결정을 내리지만, 권위를 가진 윗사람이 아니라 경영 전문가의 역할을 하는 직장 동료입니다.

역할조직에서는 기본적으로 CEO 역시 회사 전반의 결정을 내리는 일에 특화된 전문가로 봅니다. 그가 다른 분야에 전문성이 있지 않은 한 엔지니어보다 엔지니어를 더 잘하거나, 마케팅 전문가보다 마케팅을 잘하거나, 디자이너보다 디자인을 더 잘할 가능성은 거의 없으며 그렇게 기대를 하지 않습니다.

CEO는 회사 전반의 중요한 결정사항, 예를 들어 주식 상장을 언제 할 것인가, 향후 사업 확장을 어느 쪽으로 할 것인가, 어느 사업 분야를 포기할 것인가 등의 결정을 내립니다. CEO가 제품 디자인이나 엔지니어의 결정, 마케팅 방향에 대해 의견을 내는 것은 개인의 의견일 뿐, 어떠한 권위도 가지지 않습니다. 그래서 역할조직에서는 다음과 같은 말을 종종 듣게 됩니다.

"Because the CEO said so means nothing"

CEO가 한 말은 전문가인 우리의 의사결정에 영향을 미칠 수 없습니다.

(3) 결정은 내가 한다 vs. 물어봐줘서 고마워요

우리나라에서 열린 생각을 가졌다고 존경받는 CEO들은 대부분의 경우 '착한 갑'입니다. 윗사람으로서 아랫사람의 의견을 잘 들어주는 사람일 뿐, 완전히 동등한 관계에서 전문적인 의견과 결정권을 존중하고, 전문가를 위해 경영적 관점에서 의견을 내는 경우는 찾아보기 어렵습니다. 디자이너가 멋진 제품을 디자인했는데 마음에 들지 않을 경우, 위계적인 CEO는 다음과 같이 이야기할 것입니다.

"그 디자인 별로인데? 다른 좋은 디자인을 다시 가져와 보세요"

명령권자이자 최종 결정권자로서 판단하고 결정한 것입니다. 구체적인 피드백을 주면 좋을 수도 있겠지만, 모든 결정을 내려야 하는 위치에서 그럴 시간도 없고 그럴 정도의 전문성도 없습니다. 대부분 CEO의 감에 의존해서 결정을 내립니다.

반면 착한 '갑'인 CEO는 이렇게 이야기할 것입니다.

"전문적인 식견을 가지고 멋진 디자인을 해 주셔서 감사합니다. 그렇지만 그 디자인은 우리 회사의 전반적인 이미지에 맞지 않는 것 같아요. 요즘 시대에 흐름에 맞도록 각진 디자인을 없애고, 좀 더 코너가 둥근 마무리를 가진 쪽으로 디자인을 다시 생각해주세요"

그는 디자이너의 노력에 감사하다는 말로 시작합니다. 자신의 의견이 다른 CEO들과는 다르게 위협이나 명령이 아니라는 것을 명확하게 밝히기 위함입니다. 그리고 좋은 CEO는 구체적인 피드백을 주려고 노력할 것입니다. 그렇지만 그 디자인의 최종 승인은 그의 권한임을 분명히 합니다.

역할조직의 CEO는 이렇게 이야기할 것입니다.

"저는 확 와닿지는 않아요. 제 의견도 물어봐줘서 고마워요. 각진 디자인이 마음에 들지는 않아요. 그렇지만 제가 디자인 전문가는 아니니까 당신의 전문적인 판단력을 믿을게요."

디자이너 노력에 감사하는 것은 당연한 일이고 간단히 말을 붙일 수는 있겠지만, CEO가 디자이너의 디자인을 존중하지 않는다는 것은 있을 수 없는 일이므로 굳이 강조해서 이야기할 필요가 없습니다.

만약에 CEO가 디자이너의 능력을 신뢰하지 않는다면 그것은 완전히 다른 이야기가 됩니다. 그렇게 되면 디자이너의 매니저에게 이야기해서 디자이너에게 PIP(Performance Improvement Plan, 업무 성과 개선 프로그램)를 하도록 의견을 제시할 것입니다. 그러면 3개월여의 프로젝트의 결과에 따라 해고를 결정할 수 있습니다. CEO가 마음대로 일방적으로 해고할 경우 법적으로 문제가 될 수 있으므로 대부분 인사팀과 해당 직원의 매니저에게 그 일을 맡깁니다.

CEO에게 디자인을 물어보는 것은 사실 전문가가 아닌 사람에게 물어보는 것이기 때문에 큰 의미가 없습니다. 그래서 CEO가 자신의 의견을 물어본 것에 대해 오히려 고마워해야 하는 일이 됩니다. CEO는 자신의 의견을 제시하지만, 디자인의 최종 결정은 디자이너가 합니다. 나중에 CEO에게 다시 검사를 받으러 올 필요도 없습니다. 디자인의 최종 결정권은 디자이너에게 있기 때문입니다.

다만 왜 그런 결정을 내렸는지는 누구에게나 설명할 수 있어야 합니다. 전문가라고 자기 감으로 결정을 내리고 아무 질문도 하지 말라고 할 수는 없습니다. 결정을 뒷받침할 근거가 부족한 경우에는 왜 근거가 부족한지, 감에 의존해서 결정한 부분은 무엇인지를 사내 문서 시스템인 사내 위키피디아에 정확히 써놓아야 합니다(옥소폴리틱스는 사내 위키피디아를 만들기 위해 Quip, Confluence, Hackpad,

Googled Docs 등의 클라우드 소프트웨어를 주로 이용합니다).

　CEO가 마케터를 뽑는 것은 자신이 마케팅을 더 잘할 수 있는데 귀찮은 것을 맡길 사람을 뽑는 것이 아니라, CEO보다 마케팅을 훨씬 잘하고 업계에서도 이미 좋은 기록을 가지고 있는 사람을 초빙해서 회사에 더 큰 기여를 하도록 하기 위함입니다. CEO보다 훨씬 마케팅을 잘 할 수 있는 사람을 뽑고 마케팅 캠페인을 CEO가 선택하는 것은 여러모로 낭비입니다.

　마케터, 디자이너, 엔지니어가 시장과 직접 마주하게 되면 창의적으로 소비자를 사로잡을 여러가지 방안을 마련하게 됩니다. 그렇지만 CEO를 만족시키는 것이 목표가 되어버리면 창의력은 크게 제한될 수밖에 없습니다. 이러한 방식은 위계조직이 표준화되어 상식의 범위 안에서 작동하는 경우가 많은 제조업에서는 강점을 발휘하지만 시장 상황에 빠르게 변화하는 소프트웨어, 마케팅, 디자인 등에서는 취약한 모습을 보입니다.

한별 님의 이야기: 옥소는 CEO 말을 무시하는 분위기?

　노력해요. 그렇게 되려고 노력하고 있어요. 하지만 100% 된다고는 말씀을 못 드리겠어요. 왜냐하면 새로 오신 분들 중에, 위계조직으로 운영되는 기업에서 근무하다 오신 분들이 특히나 어렵죠. 그래서 호현 님은 철저하게 나를 무시하라고 하지만 그러지 못하는 상황들이 많아요. 그 때 중요한 역할이 매니저이고 조금 더 경험이 있는 사람들이 계속해서 '무시하는' 분위기를 만들어가고 있어요. 호현 님께서 항상 말씀하시는 게, 본인의 말에 너무 무게감이 실리는 상황이 있으니 옥소에 경험이 있는 분들이 공적으로 조금 더 자기를 무시하려고 노력해 줬으면 좋겠다고 하세요.

대신 역할조직이기 때문에 호현 님이 CEO로서 '강한 의견'을 내실 때가 있어요. 호현 님도 엔지니어로서 강한 의견을 내실 때가 있고, 콘텐츠 매니저로서 강한 의견을 내실 때가 있는데 그건 무시할 수 없어요. CEO의 강한 의견은 다른 역할을 가지고 있는 사람들의 강한 의견과 동일한 권위를 가져요.

호현 님이 그냥 '저 이 디자인 색깔 안 예쁜데요'라고 의견 공유를 한 것이 어느 순간 무게가 실려서 디자인 팀이 난리가 날 때도 있고, '이번 주에 이 콘텐츠 별로인데요'라고 말씀하신 것 때문에 누군가는 걱정하기도 했죠. 그러나 이제는 어느 정도 익숙해졌다는 생각이 들어요.

만약 호현 님이 '저 이 디자인 색깔 마음에 안 들어요'라고 의견을 제시했을 때, 팀원들이 '그거 디자인 시스템을 통해서 확정된 거예요'라고 설명하면 호현 님도 수긍하세요. 물론 여전히 호현 님은 별로 마음에 안 들어 하시지만요. 하지만 이것은 강한 의견을 가진 프로젝트 리더들이 결정하고 넘어간 상황이기 때문에 호현 님도 동의하세요. 엔지니어링 측면에서도 호현 님이 의견을 제시하신 것이 너무 강한 무게감을 갖지 않도록 노력하고 있어요.

호현 님의 강한 의견은 다른 사람들과 똑같은 권위를 가진 강한 의견이고, 호현 님의 약한 의견은 다른 사람들의 약한 의견과 동일한 권위를 가지고 있는 약한 의견이라고 보면 됩니다.

초창기에 사업을 시작했는데, 호현 님이 CEO이기도 하고 실리콘밸리에서 10년 동안 업무를 하셨으니 어떤 경력이 있을지 모르는 상황이잖아요. 그래서 저의 전문 분야인 디자인 영역까지도 호현 님의 이야기가 더 설득력 있게 느껴지고, '뭔가 더 큰 사업적인 고민이 있겠구나'라는 생각들을 많이 하게 됐어요. 또 서로 의견을 주고받을 때 제가 논리적으로 넘어서지 못하는 부분들도 있었고, 그래서 호현 님이 강하게 이야기하면 제가 수긍하는 경우가 많았어요.

그런데 시간이 지나고 다시 논의해서 '이 방향성이 아닌 것 같다. 결과를 평가해보니까 호현 님 주장에 근거해서 만들어진 디자인으로 사용자가 늘지 않고 오히려 사용자들이 줄어들었다. 이 방향성이 좋지 않은 것 같은데 다른 아이디어로 가보는 것이 좋겠다'와 같은 이야기를 하게 되었고 호현 님은 분명 탁월하지만 다 잘하는 것은 아니라는 것을 많이 느꼈어요. 호현 님의 아우라 때문에 낙관적으로 생각했던 것들이 좀 있었던 것이죠. 초반에 한 1년 정도 같이 배를 타고 이런저런 시행착오를 겪으면서 이제는 그런 부분에 많이 적응했어요.

경험을 통해서 조금 더 쉽게 반박하고 그리고 조금 더 유연하게 반박하는 기술이 만들어진 것 같아요. 예를 들어 어떤 제안에 반박할 때, 약간은 부드럽게 장난도 좀 섞으면서 그거는 좀 말이 안 되는 것 같다고 하는 식으로, 그런 게 조금 더 유연하게 거절하는 방법이라 생각해요. 그렇게 같이 이야기를 많이 나누면서 제 논리를 펼치는 경험들이 생긴 것 같아요.

실제로 옥소 안에 계신 많은 분들이 호현 님이 지나가면서 하는 이야기를 너무 크게 받아들여서 방향성을 바꾸는 경우들이 많았어요. 저조차도 그랬고요. 근데 요즘에는 이야기를 들으면 바로 대답을 잘 안 하고, 저도 한번 생각해 본다고 피드백을 남겨요. 저희는 구글챗으로 소통을 하는데, 하루 이틀 정도 거리를 두고 본 다음에 생각을 정리하고 그 이후 다시 소통하곤 합니다. 그러면 제 생각도 좀 더 객관적으로 보이고, 제 생각의 장단점과 호현 님 생각의 장단점을 같이 놓고 협상을 할 수 있게 됐어요.

그 과정에서 제가 깨달은 것 한 가지는 '나도 정답을 모르고 호현 님도 정답을 모른다'는 거였어요. 호현 님이 정답을 알아서 이야기를 하는 것이 아니기도 하고, 비즈니스나 콘텐츠적인 차원 등에 있어서 다 같이 종합적으로 생각해 봤을 때 저 역시 정답을 모를 수 있으니까요. 처음 옥소에 왔을 때는 '내가 정답에 더 가깝다'라는 생각에 계속 방어적으로 행동했던 것 같아요. 그러나 지금은 어떤 어젠다가 충돌하기 시작하면 나도 정답을 모르니까 장단점을 쭉 나열해 놓고 같이 비교해보자는 생각이 좀 많아졌어요.

찬현 님의 이야기: 옥소폴리틱스 문화의 재밌는 점 세 가지

옥소폴리틱스의 독특한 문화 중 하나는 '약한 의견'과 '강한 의견'입니다. 이건 호현 님과 제가 싸우다가(?) 만들어진 제안 방법이에요. 논쟁을 하다 보면 CEO의 발언이라 무게가 강하게 실리다 보니, CEO 말을 쉽게 무시할 수 없게 되는 문제가 생겨요. 이제 그런 점들을 해결하기 위해 만든 장치가 약한 의견

과 강한 의견입니다. 또 하나 좋은 문화는 '100% 재택근무' 문화입니다. 재택근무를 이용하고 있어서 비용이 많이 절감되는 점도 장점이지만 지원자가 전 세계 어디에 있든 채용이 가능하다는 큰 이점이 있습니다. 지금 옥소폴리틱스의 팀원들은 광주, 울산, 대구, 필리핀, 미국, 캐나다 등 전 세계 다양한 곳에 거주합니다. 위치 혹은 거리와 상관없이 실력만 있으면 채용할 수 있죠.

그래서 옥소에서 오프라인 모임이 있다고 하면 엄청 애틋(?)해요. 외국에 있는 구성원이 우리나라에 와서 오프라인 회식하자는 연락을 하면, 필리핀에서도 날아오고 전국에서 전 직원이 다 모이거든요. 자주 회식이 있지도 않고, 자주 모이지 못하니까 이게 너무 애틋하고 소중한 거죠. 어떻게든 참석하고 싶은 모임이 돼서, 어떤 팀원은 제주도에서 여행 중이었는데 중간에 옥소 모임에 참석하고 다시 제주도로 간 경우도 있었어요. 그 정도로 오프라인으로 만나는 게 흔치 않은 기회라 다들 적극적으로 만나고 싶어해요.

Chapter 3.

나의
삶과 일

Chapter 3
나의 삶과 일

역할조직에서는 각자 자기만의 유니크한 목표와 강점을 가지고, 자신의 일과 삶에 스스로 책임을 지면서 자유롭게 일합니다.

01
당신이 원하는
삶의 목표는 무엇입니까?

'당신이 원하는 삶의 목표는 무엇입니까?'

많은 사람들이 답하기 어려워하는 질문입니다. 입시에 치여 사춘기에 충분히 '나'를 탐색하지 못했던 우리에게 '목표'와 '의미'를 찾는 일은 사치였습니다. 하지만 이제 달라졌습니다. 많은 사람들이 삶의 목표를 생각하기 시작했습니다.

사람들은 왜 '삶의 목표'를 질문하게 되었을까요? 이는 간략하게 매슬로우의 욕구 피라미드로 설명할 수 있습니다. 매슬로우에 따르면 인간의 욕구는 단계적으로 나누어져 있습니다. 인간은 낮은 수준의 욕구를 충족한 후, 순차적으로 높은 수준의 욕구를 추구합니다. 생존과 같은 기초적인 욕구를 충족하면 자아실현과 같은 정신적 가치를 갈망하게 됩니다.

저개발 시기에는 먹고사는 문제가 최우선적으로 해결해야 할 욕구였습니다. 이후 경제가 성장하면서 사람들은 기초적인 욕구 너머 '높은 수준'을 원하게 되었습니다. 욕망의 대상이 달라지게 된 것입니다. 이에 따라 세대를 크게 셋으로 나누면 다음과 같습니다.

생존의 시대(산업화) → 존중의 시대(민주화) → 자아의 시대(MZ세대)

1) 생존의 시대와 회사

생존의 시대에 있어 일하는 이유는 단순했습니다. 열심히 일해 기초적인 욕구를 안정적으로 보장받는 것이 최우선이었습니다. 그래서 의식주로 환원되는 돈이 가장 중요했습니다. 회사에서 시키는 일을 열심히만 하면 잘리지 않고 계속 출근할 수 있었습니다. 상명하복의 원칙을 따르면 자신의 직장과 생활이 유지됐고 회사가 나의 행복을 책임졌습니다. 그래서 생존의 시대에 매니저가 해 줄 수 있는 가장 소중한 말은 다음과 같았습니다.

"당신이 회사에 충성하면 회사도 끝까지 당신을 책임질 것입니다. 당신과 가족이 먹고사는 것은 우리 회사가 책임집니다"

2) 존중의 시대와 회사

먹고사는 문제가 어느정도 해결되고 나면 욕구의 대상이 달라집니다. 생존의 시대는 먹고사는 문제가 최우선이었기 때문에, 부당한 대우가 있어도 참고 견딜 수 있었습니다. 그러나 기초적인 생존이 보장된 이후에는 자신의 가치와 소속에 대해서 질문하기 시작했습니다. 즉, 자존감을 어떻게 높일 수 있는지가 화두가 되었습니다. 돈을 버는 건 좋은데 어디에서, 어떻게 돈을 버는지가 중요해졌고 더 좋은 회사에서 높은 사회적 존중을 받는 것에 관심을 두기 시작했습니다. 같은 돈을 벌어도 존중받으며 일하고 싶어졌고, 같은 시간을 일해도 더 좋은 조건에서 일하고 싶어졌습니다.

더불어 소속의 의미가 중요해지면서 결혼과 가정의 의미를 찾기 시작했습니다. 이전에는 생존이 중요한 문제였기에 생존과 직결된 직장이 절대적인 기준이었습니다. 그러나 욕망이 변화함에 따라 생계만을 위한 소속이 아니라, 결혼과 가정 같은 소속이 중요해졌습니다. 돈을 버는 목적이 달라진 것입니다. 존중의 시대의 욕구를 채워 주기 위해 매니저가 해 줄 수 있는 가장 좋은 이야기는 다음과 같았습니다.

"회사에서 열심히 일하고 순환보직을 통해 여러 부서를 경험하면 회사 전체의 일을 알게 됩니다. 그러다 보면 회사에서 승진하고 임원까지도 오를 수 있어요. 우리 회사에서 얻을 수 있는 최고의 영예를 위한 엘리트 코스를 밟고 있는 것입니다. 앞으로 기대가 큽니다."

3) 자아의 시대와 회사

의식주 문제에서 벗어나고 일과 가정의 균형이 어느정도 이루어지면서 사람들은 '나'에 대해 고민하기 시작합니다. 이러한 문제의식은 존중의 시대를 거친 부모의 자녀 세대에서 강하게 드러납니다. 모든 질문은 나에서 시작해서 나로 귀결됩니다. 이는 매슬로우 욕구 피라미드의 최상단인 '자아'에 해당합니다. '나는 무엇을 좋아하고 무엇을 잘하는가?', '그래서 나는 무엇을 해야 하는가?' 남들이 좋다고 하는 직장이 나에게도 좋은 직장인 줄 알고 열심히 취업을 준비했습니다. 그런데 막상 들어가보니 행복하지 않습니다. 그러다 보니 회사에 들어간 지 얼마 안 되어 퇴사를 하고 이직을 준비합니다. 똑같이 돈을 벌어도 좀 더 '나답게' 벌고 싶어졌습니다.

회사에 들어가는 이유는 더 이상 돈만이 아닙니다. 일이 나에게 어떤 의미를 주는지, 일을 통해서 내가 어떻게 지속적으로 성장할 수 있는지가 중요합니다. 그래서 어렵게 들어간 대기업에 사직서를 내고 나만의 커리어를 찾기 위한 시간을 갖는 것입니다. 요즘 기업문화에서 90년대생으로 대표되는 MZ세대들이 등장한 배경입니다. 자아의 시대에 들어선 것입니다.

이제는 더 이상 회사가 개인의 행복을 책임질 수 없는 시대가 되었습니다. 또한 내가 들어간 기업에 은퇴할 때까지 충성하는 것이 무의미해졌습니다. 자신이 속한 곳에서 열정적으로 일해서 승진하는 것이 성공을 보장해주지 않습니다. 누구나 할 수 있는 일은 다른 누군가로 쉽게 대체될 수 있고, 회사가 자신의 커리어에 도움을 주지 않는다면 계속 다닐 필요가 없기 때문입니다. 자아의 시대에서는 내가 회사의 목표에 맞춰가며 일하는 것이 아니라, 회사의 목표와 나의 목표를 융화하는 것이 필요합니다. 그렇게 해야 자신이 스스로의 행복을 책임지고 지속적으로 성장해나갈 수 있기 때문입니다. 따라서 자아의 시대에 회사는 인재에게 묻는 질문을 바꿀 수밖에 없습니다.

"당신은 무엇을 원하시나요? 우리가 추구하는 것과 연결되네요? 우리가 당신의 커리어 발전을 도울 테니 우리 회사를 도와주세요. 당신이 기여를 잘하면 당신의 가치가 높아질 거예요"

'당신이 원하는 삶의 목표는 무엇입니까?'라는 질문은 회사의 매니저와 직원 모두에게 중요합니다. 매니저의 경우 직원의 동기부여를 이끌 수 있고, 직원은 회사의 목표와 자신의 목표가 연결될 경우, 최고의 퍼포먼스를 내기 위해 노력할 것이기 때문입니다.

02
나의 미션과
회사의 미션

옥소폴리틱스의 미션은 '모든 사람의 모든 생각'입니다. 모든 사람의 정치적 생각들을 다양한 방식으로 끌어내 데이터화하고 일목요연하게 보여주는 것이 목표입니다. 그 미션을 이루기 위해 많은 사람들의 많은 도움이 필요합니다. 디자이너는 생각을 쉽게 드러낼 수 있는 UX를 디자인하고, 엔지니어는 버그 없이 빠르게 생각을 전달할 수 있는 앱을 만듭니다. 변호사는 사람들의 생각을 이끌어내고 보여주는 방식에 있어 법적인 문제는 없는지 고민해야 합니다. 그리고 인사를 맡은 부서에서는 각 사람들이 능력을 조화롭게 발휘할 수 있는 최적의 환경을 만들어갑니다.

회사와 함께하는 팀원들의 미션은 정말 다양하겠지만 다음의 세 가지 범주로 요약할 수 있습니다.

(1) 회사의 미션과 내 미션이 일치하는 경우

내가 하고 싶었던 일과 회사의 미션이 일치하는 것은 정말 신나는 일입니다. 내가 평소에 꿈꾸던 일을 하면서 커리어의 측면에서도 성장하고 금전적 보상까지 받을 수 있다면 누군가가 일을 시키지 않아도 열심히 일하게 됩니다. 별도의 시간을 내서 내 꿈을 좇을 필요도 없어집니다. 이미 내 꿈을 회사에서 이루고 있기 때문입니다.

나와 회사의 미션이 일치하는 경우에는 누군가 시키지 않아도 일을 만들어갈 수 있습니다. 만약 내가 회사의 미션을 잘 이해하지 못한다면 다른 사람이 나와 일을 하기 위해 일일이 업무를 설명해줘야 합니다. 그렇지만 회사의 미션을 정확하게 이해하고 내가 어떻게 그 미션을 이룰지 고민해온 사람이라면 주도적으로 새로운 방향을 설정하고 제안하면서 업무를 진행할 수 있습니다.

(2) 회사의 미션과 내 미션이 다른 경우

내가 회사의 미션과 같은 꿈을 꾸고 있지 않을 수도 있습니다. 즉, '모든 사람의 모든 생각'을 담아내는 것이 내 인생의 미션과는 별 관계가 없는 상황도 발생합니다.

한 팀원의 미션이 최고의 소프트웨어 엔지니어가 되어 자신만의 앱을 만드는 것이라면, 회사는 그에게 소프트웨어 경험과 연봉을 주고, 팀원은 배우면서 코드를 통해 회사의 미션에 기여할 수 있습니다. 이러한 경우 서로에게 도움이 되는 부분이 확실하면 동기부여를 이룰 수 있게 됩니다.

"당신이 우리를 위해 일을 해주면 우리도 당신의 꿈을 도와드릴게요"

어떤 팀원의 미션은 '가족의 행복'일 수도 있습니다. 가족의 행복을 극대화하는 것과 회사가 발전하는 것은 직접적인 관계가 없습니다. 그러나 이 경우에도 서로에게 기여할 수 있습니다. 회사는 성과에 대한 금전적 보상으로 가족의 행복에 기여할 수 있고, 팀원은 그것을 위해 더 좋은 퍼포먼스를 내기 위해 노력할 것이기 때문입니다.

자신의 목표가 회사의 미션과 일치하지 않더라도 서로에게 기여할 수 있는 접점이 있다면 함께하는 것이 가능합니다. 회사의 미션을 이루는 과정에서 필요한 역할을 확인하고 자신의 목표에 맞게 기여하며 성장하면 됩니다.

(3) 나의 미션이 없는 경우

"하고 싶은 건 딱히 없고요. 회사에 충성하고 시키는 일 열심히 할게요"

이런 경우에는 앞서 이야기한 '우리가 당신의 커리어 발전을 돕겠습니다. 대신 우리 회사를 도와주세요'가 성립되지 않습니다. 꿈이 없는 사람에게 동기부여를 하는 것은 어려운 일입니다. 스스로 움직이고 싶은 방향이 없는 경우, 동기부여 방식은 '당근 혹은 채찍'이 됩니다.

당근: 이 일을 잘 해내면 당신을 승진시켜줄게요

채찍: 이 일을 제대로 안 하면 당신은 해고됩니다

두 가지 동기부여는 단기적인 효과를 발휘할 수 있겠지만 장기적으로 지속시키기에는 어려움이 있습니다. '승진'이라는 '당근'은 단기적으로 팀원에게 강한 유인을 제공하여 좋은 퍼포먼스를 만들 수 있지만, 승진할수록 경쟁은 심해지며 한계가 명확합니다. 그러므로 지속적인 동기부여 방법은 아닙니다. '해고'와 같이 생존에 위협을 주는 방식은 단기적으로 경각심을 촉구할 수 있지만 업무 스트레스를 가중하며 장기적으로 번아웃의 요인이 될 수 있습니다.

절대적인 시간이 필요한 것 같아요. 옥소폴리틱스 출범 초기에는 사업적인 고민과 프로덕트의 아이디어가 너무 가까운 느낌이었어요. 저 같은 경우, 옥소 앱은 어떻게 가야 하고, 옥소를 어떻게 키워야 되는지 이런 생각을 하는 프로덕트 디렉팅을 맡게 되었는데, 그 부분에서 CEO의 생각이 지배적이었고 처음 몇 번의 의견 충돌이 있었어요. 사실 호현 님은 옥소가 설립되기 1년 전부터 고민을 계속해 온 사람이다 보니 제가 갖고 있는 아이디어나 설득력의 근거가 많이 부족했어요. 고민의 시간이 적었으니까요. 그래서 초반에는 실질적으로 디렉팅을 거의 하지 못했어요.

그런데 시간이 지나면서 방향성에 대한 다른 아이디어도 내보고, 같이 아이디어를 수립해보기도 했어요. 1년 정도 지나면서 같이 전체적인 그림을 그리는 시간들이 많아지다 보니까 자연스럽게 저도 제 생각을 주장할 수 있었던 것 같아요.

저는 옥소라는 개념에 대한 이해가 없다가, 누군가가 시작한 개념에 따라붙은 거 잖아요. 같이 시작한 개념이 아니기 때문에 처음에는 배우고 같이 쌓아가는 경험을 해보면서 자기 생각이 조금씩 자라나는 과정이 자연스럽지 않을까 생각해요. 그렇게 자신의 영역을 만들어가는 절대적인 시간이 필요한 것 같아요.

아무래도 절대적 시간을 줄이는 키워드는 '질문'인 것 같아요. 질문을 많이 할수록 시간을 줄일 수 있어요. 본인이 어느 정도 이해했는지 구성원들에게 정확히 표현하고, 이해가 안 된 부분에 대해서 질문을 많이 하는 사람이 그 시간을 단축시키는 것 같아요.

워터폴 방식을 채택하는 회사들의 경우처럼 '너는 왜 이렇게 질문이 많아? 그냥 하면 되잖아'라는 말을 들을까봐 질문을 못하시는 경우가 있는데, 현재 본인이 하고 있는 프로젝트가 옥소의 미션에 부합한 것인지에 대한 질문을 꾸준히 하는게 필요하다고 생각해요. 결국에는 그 질문을 많이 한 사람일수록 시간이 줄어들 수밖에 없다고 생각합니다.

실무에 있어서는 현재 진행하고 있는 프로젝트에 대한 이해도가 낮다고 생각되면, 설명이 필요한 모든 항목을 질문하는 게 좋은 것 같아요. 질문을 하다 보면 결국에는 이 프로젝트의 목표가 무엇인지, 옥소의 목표에서 어디가 이해가 안 되는지 확인할 수 있게 됩니다.

호현 님은 늘 말씀하세요. 자신의 디렉터나 혹은 옥소에 경력이 더 있는 사람한테 이러한 질문을 하면서 '나(신입 사원)를 설득시켜주세요'가 필요하다는 겁니다. 그게 옥소가 디렉터들한테 많은 연봉을 주고 있는 이유이기도 하고요.

그런데 외부에서 제3자가 보기에는 그런 질문들이 갈등처럼 보일 수도 있다고 생각합니다. 작은 갈등이죠. 기존에 하고 있는 프로젝트에 의문을 제기하는 것. 그리고 그게 맞는지 틀린지 토론을 해야 하니까요. 근데 그 갈등의 순간이 많을수록 결국에는 생각이 합치되는 시간이 짧아지는 것을 경험했어요.

위계조직에서는 갈등이 많으면 본인의 인사 평가가 나빠지고, 승진의 위협을 받거나 자기의 자리가 위태로워질 수 있지만 여기서는 정반대로 흘러가요. 사실은 토론을 하다 보면 결이 맞는지 안 맞는지도 알 수 있어요. 옥소에서 문제를 해결하는 방식이 개인에게 맞을 수도 있고 맞지 않을 수도 있잖아요. 그리고 옥소도 해당 직원이 우리 회사와 맞는지 아닌지를 알아야 되니까요. 작게 보면 1시간짜리 면접 상황이 지속되는 거죠.

면접 때는 옥소가 면접자한테 많은 질문을 하지만, 입사 이후에는 면접자가 옥소한테 더 많은 질문을 해서 계속 회사와 내가 결이 맞는지 아닌지를 서로 확인해 나가야 한다고 생각합니다.

대우 님의 이야기: 행복한 대한민국 만들기

남아공에 어학연수를 갔을 때, 국제 마케팅 수업에서 저의 미션을 찾았던 기억이 납니다. 그 수업에서 교수님이 말씀하셨습니다. '너희들이 국제적으로 무엇인가 마케팅하려면 그 나라의 특성을 잘 알아야 돼'

예를 들어, 저는 잘 몰랐지만, 쿠바는 익사이팅한 문화를 가지고 있다고 합니다. 프랑스는 로맨틱한 문화. 그리고 일본의 이야기가 나왔는데, 교수님이 'Stately'라는 단어를 썼어요. '이게 무슨 말이냐'고 물었더니 일본은 '위엄 있는 나라'라는 이미지를 갖고 있다고 하더라고요. 저는 그게 너무 화가 나면서도 부러웠어요. 아프리카의 남아공에서 저 멀리 있는 동아시아의 일본이라는 곳이 수업에 나올 정도로 그렇게 위상을 갖고 있다는 게 너무 질투 나고, 화가 난 겁니다.

저는 '코리아'라는 나라가 'Happiness'라는 타이틀을 받았으면 좋겠어요. 이건 대통령도 할 수 없는 일이지만, 제 삶이 우리나라의 행복에 조금이라도 일조한다면 나름대로의 의미가 있다고 생각해요. 그래서 제가 걸어왔던 길은 다 그런 쪽에 관련된 영역이었어요.

저는 원래 정치를 혐오하던 사람이었습니다. '정치는 답이 없어. 우리나라는 답이 없어'라고 생각했는데, 호현 님을 만나고 '어쩌면 내가 가진 IT 기술로 정치판을 조금이라도 바꾸거나 영향력을 끼칠 수 있지 않을까?'라는 생각이 들었어요. 꿈꿔보지도 않았던 영역에 불씨가 붙은 거예요. 그게 저를 뜨겁게 만들었고, 아주 급작스럽게 합류했던 이유도 여기에 있었습니다.

'정치 쪽은 아예 포기하고 있었고, 관심도 없고, 신경 쓰고 싶지도 않고, 뉴스는 보고 싶지도 않은, 나 같은 사람도 많을 것 같은데? 데이터로 정치를 하면 정치인들이 당의 이익을 보고 행동하는 것이 아니라 시민들의 목소리를 듣는 시대가 오지 않을까?'라는 기대를 가지고 있습니다.

'행복한 대한민국'을 만드는 데 일조하는 것이 저의 미션이고, 지금 저의 엔지니어 기술로는 꿈도 꾸지 못할 영역이었습니다. 하지만 호현 님을 만나고 스파크가 튀게 되었습니다. 새로운 회사에서도 이러한 질문에 대해 위와 같이 답변을 드리면 강한 인상을 받는 것 같습니다.

옥소폴리틱스를 완전히 배제하고 개인적인 삶의 미션을 생각해보면, 저는 20살 때 선교사를 생각하고 있었습니다. 대학교부터 미술을 전공했고, 제가 가진 작은 재능을 통해서 다른 사람들에게 기여하는 삶을 살고 싶었어요. 그전에 있었던 디자인 컨설팅 회사에도, 디자인을 통해 아프리카를 돕는 일을 해오신 배상민 교수님이 계셨어요. 제가 직접 학교로 찾아가 함께 일하고 싶다고 말씀드려 5년 동안 일했고, 그곳에서 디자인의 기초를 많이 배웠어요.

그러다가 옥소에 합류했을 때 '내가 그동안 추구했던 삶의 방향과 일치할까? 어떤 방향성이 맞는 걸까?'에 대한 고민을 많이 했거든요. 정치라는 영역은 저에게 뜬금없고 잘 몰랐으니까요. 그리고 정치 서비스를 만들 생각은 해본 적도 없었습니다.

그런데 정치라는 건 좀 낯설지만 사람들에게 도움이 될 수 있는 서비스라는 점에서 다른 사람들에게 도움을 줄 수 있는 좋은 서비스라고 생각하게 됐습니다. 저는 옥소폴리틱스가 사람들을 특정 방향으로 가도록 유도하는 서비스가 아니라, 모든 데이터를 같이 놓고 생각을 스스로 정리할 수 있게 도와주는 서비스라고 생각하고 있습니다. 저는 20대에 부의 사회적 불균형에 대해 관심이 많았어요. 돈이 많은 사람은 더 많은 정보에 접근할 수 있고 돈이 적은 사람은 적은 정보에만 접근할 수밖에 없는데, 어떻게 보면 데이터 데모크라시를 이룬다는 인상을 받았고 그런 측면에서 옥소에 사회공헌의 의미가 있다고 생각합니다.

03
누군가가 되려고 하지 말고
자기 자신이 됩시다

1) 실리콘밸리에서 유호현이라는 사람의 가치

실리콘밸리에서 유호현은 시니어 엔지니어로서 가치를 가진 사람이었습니다. 영문과를 졸업한 유호현은 실리콘밸리에서 컴퓨터 공학을 전공한 사람들보다 소프트웨어 엔지니어링을 잘 하지 못했습니다. 비전공자였기 때문에 수학이나 알고리즘 측면에서는 매우 약했습니다. 때로는 주니어 엔지니어보다도 모르는 것도 많았고 당연히 미국에서 나고 자란 사람보다 영어를 못했으며, 한국적 사고에 익숙해 실리콘밸리의 기업문화에도 잘 적응하지 못했습니다.

그러나 유호현은 인문학을 전공한 소프트웨어 엔지니어였기 때문에 가치가 있었고, 평생 사용자로 살아왔기 때문에 코딩을 할 때 항상 사용자의 입장을 생각할 수 있었습니다. 또한 비전공자여서 모르는 부분이 많았기 때문에 늘 질문을 하고 정보를 정리해 나갔습니다. 그러다 보니 팀 내에서 어려운 개념들을 쉽게 설명할 수 있는 사람이 되기도 하고 소통을 잘 하는 사람이 되기도 했습니다. 전공자들은 당연히 알아야 하는 언어와 개념들에 대한 도움이 필요하다 보니, 팀 내에서는 어려운 용어를 나열하며 이야기하는 것보다 이해하기 쉽게 설명하려는 분위기가 만들어졌습니다.

실리콘밸리에서 취업을 하고 시니어 엔지니어까지 승진했던 유호현은 독자들보다 뛰어난 사람일까요? 그렇지 않습니다. 그냥 다른 사람이며 유호현이라는 사람이 도저히 따라갈 수 없는 타인의 장점은 훨씬 많을 것입니다.

산업화 시대에는 서로 다른 사람들을 한 줄로 세우는 것이 자연스럽게 받아들여집니다. 그렇지만 개별 구성원이 교유한 강점으로 다르게 기여를 해야 하는 역할조직에서는 표준화된 인재보다 각자의 역할에 특화된 인재들이 필요합니다.

2) 나를 브랜딩하기

소프트웨어를 만들 때는 다양한 분야의 엔지니어가 필요한데, 엔지니어마다 강점이 다릅니다. 엔지니어 능력을 정량 평가해서 줄을 세우기보다 각자 잘하는 것을 맡아서 하면 됩니다. 어떤 엔지니어는 모바일 앱을 잘 만들고, 어떤 엔지니어는 코드를 빠르고 많이 쓸 수 있으며, 어떤 엔지니어는 다른 사람의 코드 리뷰에 강점이 있습니다. 저마다 '다른' 강점을 통해 미션에 기여하고 그 '다름'을 성장시키면 됩니다.

브랜드는 '다른 사람들과 다른 나'를 설명하는 말입니다. 나를 브랜딩한다는 것은 나만의 장점들을 설명할 수 있는 이야기를 만들어내는 일입니다. 사람들은 브랜딩을 통해 내가 어떤 가치를 가진 사람인지 한 눈에 알아볼 수 있게 됩니다.

"옥소폴리틱스의 미션인 '모든 사람의 모든 생각'을 위해 구성원인 나는 어떻게 기여할 수 있을까?" 이 질문의 답이 옥소폴리틱스 내부에서 자신의 브랜드가 될 것입니다.

유호현: 미션을 세우고 조직문화를 만들어가는 사람
유찬현: 회사의 운영이 잘 되도록 사람들과 프로젝트들을 두루 관리할 수 있는 사람
노형지: 옥소폴리틱스가 사용자들에게 어떻게 다가갈지 고민하는 사람
고대우: 엔지니어링을 통해 사용자의 경험을 최적화하는데 고민하는 사람

옥소폴리틱스에서 일하며 느끼게 된 점은, 브랜딩이란 옥소폴리틱스 사용자들의 접점에서 경험을 만들어내는 역할을 한다는 것이었어요. 의식과 무의식, 시각과 청각 등을 모두 포함한 오감의 경험을 통틀어서 사용자가 옥소에 들어오고 나갈 때, 어떤 경험과 인상을 받게 할 것인지 세심하게 설계하는 역할이 브랜딩이라고 정의할 수 있겠습니다.

최근 정리된 제 브랜딩 CEO로서의 생각은 '존중'으로 귀결됩니다. 모든 사람의 모든 생각을 존중하는 것인데, 내가 어떤 말을 해도 존중받는다는 느낌이 서비스 경험 이후에 사람들에게 남는 것이 정말 중요하다고 생각합니다. 그런 경험을 사람들에게 남기는 것이 저의 미션이지 않나 싶어요. 예를 들어 사람들이 애플에서 깨끗하고 깔끔하고 완벽할 것 같은 인상을 받는다면, 옥소를 떠올릴 때 '옥소에 놀러가면 존중받는다'는 느낌이 들도록 만들고 싶습니다.

내가 시스템을 주도적으로 만들어 볼 수 있다는 게 매력적이었어요. 옥소는 정해진 것이 별로 없다 보니 오히려 제가 하고 싶은 대로 빌드를 만들 수 있어서 정말 좋았고 매주 새로운 방법을 시도해 볼 수 있었어요. 현업에서 많은 경력을 가진 전문가가 봤을 때는 '그렇게 해서 굴러간다고?' 하고 물어볼 수 있지만, 저는 애자일과 역할조직이라는 미묘한 조합 덕분에 스스로 판단하고 검증하는 경험을 쌓을 수 있다고 생각합니다.

예를 들어 '저는 엑셀 시트에 이런 식으로 정해서 하겠습니다. 다른 곳에서는 포맷을 5개 정도 적어야 한다는데 저는 5개는 필요 없는 것 같고, 2개만 적어서 소통하겠습니다'라고 말해도 함께 프로젝트를 하는 동료들이 눈치를 주지 않습니다. 만약 다른 의견이 들어와도, '제가 전문가로서 결정한 부분이라 다른 의견 있으면 말씀해주세요'라고 풀어갈 수 있습니다.

저는 QA 분야에서 경력이 적고 흔히 말하는 자격증이 없는 '전문가'인데 옥소에서 일했기 때문에 이만큼 경험을 쌓을 수 있었다고 생각하고 그 부분이 저에게 감사하고 좋은 점이라고 받아들이고 있습니다. 물론 다른 기업에 가면 밑에서부터 시작해 기본적인 틀을 배울 수 있습니다. 제가 미국에서 1년 동안 QA를 했을 때는, 정말 그런 기초적인 틀만 배울 수 있었어요.

다른 기업의 QA 막내였으면 항상 체크인만 했을 텐데 옥소에서 QA 업무를 하다 보니 다양한 것을 경험할 수 있었어요. 요즘에는 프로덕트 매니저도 해보고 싶다는 생각이 많이 듭니다. 원래 QA는 프로젝트 마지막에 투입되지만 옥소에서는 프로젝트 시작과 동시에 QA가 투입됩니다. 그래서 프로젝트를 시작할 때 QA의 측면에서 제 인사이트나 경험으로 의견을 제시할 수 있습니다.

옥소였기 때문에 '리드 분이나 디자이너 분들이 이런 기능까지도 고려를 해줘야 마지막에 일정 조율이 좀 더 쉬워져요'와 같은 이야기를 쉽고 편하게 할 수 있다고 생각합니다.

04
자유롭고 행복하게
회사 생활하기

1) 원격 근무: 사무실이 없다는 것

옥소폴리틱스는 지난 2년간 사무실 없이 100% 원격 근무로 성장해왔고 많은 것들을 이뤄냈습니다. 많은 분들이 100% 원격 근무에 대해 걱정도 하고 비판적인 조언도 했지만, 지난 2년을 뒤돌아봤을 때 원격이 아니었으면 우리가 살아남을 수 없었다는 생각이 듭니다.

옥소폴리틱스는 100% 원격·자율 근무 체제이며 근태를 감시하거나, 집에서 접속하는지 인증샷을 남긴다거나, 항상 컴퓨터 앞에 있어야 한다든가 하는 규제는 없습니다. 옥소폴리틱스는 팀원들을 100% 믿습니다. 물론 우리 팀원들을 믿을만한 근거와 시스템이 있기 때문입니다.

(1) 원격 근무의 장점

① 피로도가 적다

원격 근무를 하면 확실히 피로도가 적습니다. 아침에 버스와 지하철을 타고 사람으로 가득한 강남이나 판교로 가지 않아도 됩니다. 또한 회의실을 잡기 위해 예약 전쟁을 벌이거나 쉬는 시간 10분 동안 뛰어다니지 않아도 됩니다. 클릭 한 번이면 회의실을 옮겨다닐 수 있습니다.

② 다양한 인재를 구할 수 있다

옥소폴리틱스는 샌프란시스코, 뉴욕, 토론토, 필리핀, 서울, 성남, 광주, 울산, 제주 등 전 세계의 인재들과 함께합니다. 더 좋은 인재를 적은 경쟁으로 모실 수 있었으며 구성원 중에는 원격 근무가 없었다면 놓칠 수 밖에 없었던 분들도 많았습니다.

③ 행복한 가정을 만들기가 더 쉬워진다

육아를 해야 하는 상황에서도 육아휴직 없이 풀타임으로 퍼포먼스를 유지할 수 있습니다. 또한 가족과의 시간을 자유롭게 쓸 수 있기에 아이들을 학교에 보내놓고 부부가 점심 식사를 함께 하는 등 친밀한 시간을 보낼 수도 있습니다.

④ 사무실 비용을 아낄 수 있다

스타트업은 빨리 성장하며 변화에 유연하게 대응해야 합니다. 그 때마다 사무실을 이전하고 인테리어를 새로 한다면 엄청난 비용이 발생합니다. 원격으로 근무한다면 하루에 20명이 들어와도 유연하게 대처할 수 있습니다.

(2) 원격 근무의 단점

① 온보딩이 어려울 수 있다

원격 근무를 어려워하는 분들도 많습니다. 특히 처음 입사한 경우, 사무실에 가서 앉아 있으면 눈에도 띄고 사람이 자연스럽게 도와주기도 하겠지만 제대로 된 온보딩 시스템이 없는 상태에서 원격으로 입사를 하게 되면 멍하게 컴퓨터 앞에 있다가 하루를 버리는 경우가 생길 수 있습니다.

② 일부만 원격으로 하면 어렵다

일부는 사무실에서, 일부는 원격 근무를 할 경우 매우 많은 어려움이 발생합니다. 회의실에 있는 사람들이 화이트보딩을 하거나 작은 소리로 대화하면 미팅에 제대로 참여하기 어려운 경우가 많으며, 심지어 회의실에 있는 사람들이 원격으로 참여하는 사람이 있다는 것을 까먹고 회의를 진행하는 경우도 생깁니다.

③ 손님을 초대할 곳이 없다

예를 들어 언론에서 인터뷰 요청이 들어온다면, 자연스럽게 사무실로 방문한다고 제안합니다. 그런데 사무실이 없다 보니 인터뷰를 하거나 사진을 찍을 공간이 없습니다. 화상 회의 화면을 찍는 것은 처음 한두 번이나 신선할 뿐, 좋은 사진이라고 보기는 어렵습니다.

④ 일과 생활의 경계가 모호해진다

원격 근무를 하다 보면 밤 늦게까지 일하다 자고 일어나서 아침에 또 일을 하는 경우가 생깁니다. 정확하게 근무 시간을 정해놓지 않으면 일과 생활의 경계가 없어지고 충분히 쉬지 못하는 문제가 생길 수도 있습니다. 오전 9시~오후 6시 근무에 익숙한 사람에게는 힘든 일이지만 원래 피곤하면 쉬고 컨디션 올라올 때 일하는 생활이 익숙하다면 장점일 수도 있습니다.

⑤ 외로울 수 있다

원격으로 근무하다 보면 사람이 그리워질 때가 있습니다. 직원들과 함께 양치하는 시간, 함께 커피 마시러 가는 시간 등이 그리운 경우가 생기며, 혼자 밥을 먹는 것이 힘들 수도 있습니다.

그래서 옥소폴리틱스 팀원들은 회의하다가도 '오늘 저녁 어때요?' 하고 물어보기도 하고 카페 같은 곳에 모여 함께 일을 하기도 합니다. 또한 취미를 만들거나 외부 활동을 늘려서 외로움을 극복하고 인맥도 넓히는 팀원들도 많습니다.

(3) 원격 근무의 필수 조건

① 성실함은 전문가의 기본이다(회사도 당연하게 생각하고 믿는다)

하루 8시간 근무는 계약 사항이고 성실한 근무는 전문가의 기본입니다. 옥소폴리틱스는 기본적으로 직원들이 성실하게 근무하리라는 것을 믿습니다. 명백한 퍼포먼스 저하와 주변에서 부정적인 피드백이 나오기 전까지 모든 팀원은 당연히 최선을 다하고 있다고 생각합니다. 그리고 휴식이 필요하면 언제든지 채팅창에 '언제부터 언제까지 쉬겠습니다'라고 남기고 휴가를 갈 수 있습니다.

성실함에 대한 믿음이 깨진다면 그것은 헤어질 조건이 됩니다. 성실하게 일을 하지 않는 사람은 회사에 다닐 자격이 없습니다. 축구를 하기 싫은 사람이 축구팀에 들어갈 수 없는 것과 같은 이치입니다.

② 윗사람을 위해서가 아니라 회사의 미션을 위해 일한다

원격 근무를 할 때, 가장 어려운 것은 '내가 뭘 해야 하지?'가 명확하지 않을 때입니다. 특히 새로 입사했을 때 그러한 문제가 더 많이 나타납니다. 그리고 누군가가 시키는 일을 할 때에는 시키는 일을 다하는 순간 비효율이 시작됩니다. 일을 하고 싶어도 할 수가 없는 상황이 생깁니다.

그래서 옥소폴리틱스는 각자의 재능을 살려 옥소폴리틱스의 미션을 위해 하고 싶은 일을, 하고 싶을 때, 마음껏 하는 것을 원칙으로 하고 있습니다. 옥소폴리틱스의 미션인 '모든 사람의 모든 생각'을 끌어내기 위해서, 그리고 우리 회사의 분기 OKR(목표·핵심결과지표)을 위해 각자 어떠한 기여를 해야 하는지 생각해야 합니다. 그리고 매니저와 협의하면서 어떤 기여가 가장 큰 효과를 낼지 이야기합니다.

예를 들어 프론트엔드 엔지니어의 경우, '회사에서 미션을 위해 새로운 OX 버튼 디자인을 만들고 싶어하는데, 내가 그 구현을 맡아야겠다. 그래서 매니저와 PM, 다른 엔지니어들과 상의해서 이번 주 금요일까지 완성하겠다'고 선언합니다. 그러면 다른 엔지니어들은 내가 맡은 일은 간섭하지 않으며, 이 일이 빨리 끝날 경우에 대비해 댓글 창의 디자인 개선에도 참여하겠다고 다음 스프린트에 잡아 놓습니다.

③ 프로젝트의 우선순위를 명확하게 한다.

스스로 일을 찾아서 할 때에는 아무 일이나 하면 안 됩니다. 특히 별로 회사에 도움이 되지 않는 일로 시간을 허비해서는 안 됩니다. 이를 위해서 미션과 OKR(Object and Key Result, 목표 및 성과지표)을 숙지하는 것, 매니저와 동료 간 소통이 중요하지만, 특히 프로젝트 단위에서 정확한 우선순위가 규정되어야 합니다. 옥소폴리틱스에서는 매주 Project Priority 회의를 열어 프로젝트의 우선순위를 명확히 합니다.

④ 인사 평가를 팀 단위가 아닌 개인 단위로 한다

자신이 자신의 페이스에 맞게 일을 하기 위해서는 팀이 아닌 개인으로 일해야 합니다. 개인의 페이스를 팀에 맞추다 보면 다른 팀원들에 비해 일을 너무 많이 하는 게 눈치가 보일 수도 있고 적게 해서 프리라이더 소리를 들을 수도 있습니다. 그래서 퍼포먼스가 중하위권으로 평준화됩니다.

이것은 공산주의 시스템에서 만들어 내는 비효율과 같습니다. 일을 많이 한다면 다른 사람에게 심리적 부담이 되고 일을 적게 하면 다른 사람에게 물리적 부담이 됩니다. 그래서 모두가 일을 비슷하게 하고 가장 느린 사람의 속도에 맞추면서 많은 재능이 낭비됩니다.

그래서 인사 평가는 철저히 개인 평가만 합니다. 그리고 매니저 한 사람의 평가가 아니라 일을 함께 한 모든 사람의 평가를 종합해서 합니다. 매니저는 사측이 아니라, 항상 직원 편에 서서 직원의 성장을 돕는 위치이며 다른 사람들의 피드백을 감정 없이 효율적으로 전달하는 역할을 합니다.

결국, 개인이 개인의 성장과 회사의 미션을 위해 일할 때에는 근무 시간을 엄수하는지에 대한 근태관리의 필요성이 줄어듭니다.

⑤ 효율적인 미팅을 많이 해서 소통을 최대화한다

옥소폴리틱스의 아침은 9시 sync 미팅으로 시작합니다. 아침에 모여서 어제 어떤 일을 했는지, 오늘은 어떤 일을 할 것인지 이야기합니다. 또한 일을 진행하지 못 하게 만드는 요인이 없는지, 주변 팀원들이 도와줄 것은 없는지 점검합니다. 이렇게 아침 9시에 미팅을 잡음으로서 하루의 시작을 명확하게 하는데, 일과 사적인 시간의 구분을 명확히 해서 회사와 팀원 모두에게 도움이 되는 일입니다.

보통 일과는 오전에는 미팅 위주, 오후에는 실무 위주로 돌아갑니다. 오후에는 자발적으로 함께 미팅을 하며, 따로 혹은 같이 일하는 시간을 갖기도 합니다. 특히 서로 질문을 주고받고 싶은 엔지니어들에게 모각코(모여서 각자 코딩) 시간은 상당히 유용합니다.

ⓖ 온보딩 시스템을 정확하게 만든다

처음에 회사에 입사하면 아무도 모르고 뭘 해야 할지도 모르는 상황에 놓이는 경우가 종종 생깁니다. 이는 오프라인 기업에서도 마찬가지이지만 온라인 기업의 경우 더 당황스럽게 다가올 수도 있습니다. 옥소폴리틱스는 온보딩 버디 제도를 운영해서 한 사람이 최초 며칠 동안 미팅과 채팅방에 초대해주고 모든 미팅에 가상으로 동행합니다. 그리고 명확한 온보딩 가이드 페이지를 만들어 누구와 소통해야 하는지, 무엇을 해야 하는지, 어떤 미팅에 가야 하는지를 정확히 알려줍니다.

2) '나'와 '가족', '일'의 무게중심 찾기

(1) 실리콘밸리의 '워라밸'

실리콘밸리에서 일하면서 많이 들었던 질문 중 하나는 "실리콘밸리는 워라밸이 좋아요?"였습니다. 그리고 그 질문에 선뜻 답을 하기 어려웠습니다. 어떤 날은 저녁 먹고도 일하고, 주말에도 일하는가 하면, 또 어떤 날에는 10시에 출근해서 4시에 퇴근하기도 했습니다.

당시 제 담당 매니저들은 저에게 항상 가족과 제 건강이 최우선이라고 말했습니다. 일은 누구든 대신할 수 있지만 가족과 제 건강은 스스로 챙겨야 한다는 뜻이었습니다. 저는 오히려 걱정이 앞섰습니다. '일을 최우선으로 두지 않으면 회사에서 잘리거나 저성과자가 되지는 않을까?', '일이 있어야 가정이고 뭐고 있지, 그냥 듣기 좋으라고 하는 조언 아닐까?' 실리콘밸리에서 몇 년이 지나고 나서 그 말이 이해되기 시작했습니다.

회사는 당연히 노동자에게 최소의 비용을 지불하고 싶어 합니다. 반면 직원은 최소의 시간과 노력을 들여서 최대의 보상을 받으려 합니다. 이를 해결하기 위해 다음과 같은 딜레마 삼각형을 활용할 수 있습니다. 삶의 무게중심을 일에 둘 수도, 나에 두거나 가족에 둘 수도 있습니다. 그리고 그 중심을 균형 있게 움직이는 것이 삶의 지혜입니다.

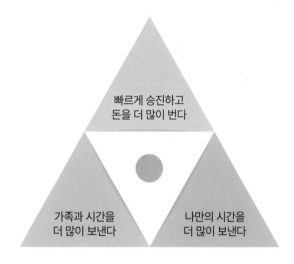

무게중심을 돈과 커리어 쪽으로 움직이면 나와 가족의 생활과는 점점 멀어지게 됩니다. 일에 매몰되어 살면 건강도 안 좋아지고 가족과의 관계도 멀어질 가능성이

커집니다. 다만, 내 커리어나 돈은 더욱 많이 쌓일 것입니다.

반면, 가족 쪽으로 무게중심을 옮기면 커리어와 금전적 측면의 성장은 느려지겠지만 가족과 더 많은 시간을 보낼 수 있습니다. 아내와 즐겁게 데이트도 하고, 아이들은 더 행복해질 것이며, 부모 형제나 친지와도 좋은 관계를 유지할 수 있을 것입니다.

물론 그 시간과 노력을 나에게 쏟아, 나만의 사업을 하거나 노는데 활용할 수도 있습니다. 다만 나에게 너무 많은 시간을 투자하면, 가족과의 관계도 멀어지고 회사에서 해고될 수도 있습니다. 반면 새로운 것을 만들거나 스트레스를 해소할 수도 있으며, 재충전의 시간을 보낼 수도 있습니다.

(2) 사회가 워라밸을 정하는 대한민국

그런데 옥소폴리틱스를 창업하면서, 우리나라에서 이 삼각형이 작동하는 방식이 꽤 다르다는 생각을 하게 되었습니다. 구성원들은 저에게 언제 쉬어도 되는지, 언제 일해야 하는지, 무엇을 해야 하는지, 결과는 마음에 드는지 끊임없이 물어왔습니다. 아무 때나 쉬어도, 일해도 된다고 하면 혼란이 시작되었습니다. 어떤 직원은 저성과자가 되어 버렸고, 어떤 직원은 쉬지 않고 일하다 번아웃에 시달렸습니다.

무엇을 해야 하는지에 대해 '어떻게 우리 미션을 도와주실 수 있으세요?'라고 반문하면 정적이 흘렀습니다. 결과에 대해 좋게 이야기하면 발전이 없었고, 안 좋은 피드백을 전달하면 서운해하거나 항의하기도 했습니다.

'그냥 할 수 있는 만큼, 할 수 있을 때 최선을 다해 성과를 만들어 주세요. 그 성과만 가지고 360도 평가로 보상하겠습니다'라는 단순한 말이 모든 사람에게 다르게 적용되는 것을 느꼈습니다.

우리나라에서는 워라밸을 직원과 협상하여 정하지 않습니다. 회사가, 사회가 워라밸을 정합니다. 어떤 회사는 자율근무제를 하고, 어떤 회사는 PC Off 제도를 도입합니다. 정치 권력에 따라 일주일에 52시간까지만 일을 하라고 하기도 하고 60시간 이상 일해도 괜찮다고 합니다. 이렇게 회사와 사회가 제약을 주면 개인이 옮길 수 있는 무게중심의 범위는 크게 한정됩니다.

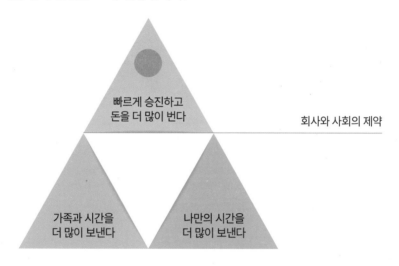

이런 삼각형에서 가족에 중심을 두면 개인이 힘들어지고, 개인에 중심을 두면 가족과의 관계는 더욱 멀어져 버리게 될 것입니다. 무게중심이 일에 너무 많이 고정되어 있기에, 남는 시간에 가족과 개인 모두를 만족시키기는 매우 어려울 것입니다.

(3) 자신의 역할에 따른 자유와 결정권

실리콘밸리의 역할조직을 참고하여 만든 옥소폴리틱스에서는 회사의 제약을 없앴으며, 제약이 없는 상황에서 어떻게 일하고 관계를 유지하며 평가와 보상을 받는지를 명확히 하고자 했습니다. 흔히 역할조직을 수평적인 조직이나 워라밸이 좋은 조직, 모든 사람의 의견에 경청하는 조직으로 오해하곤 합니다. 역할조직은 수평적이지 않으며 레벨과 조직 체계가 있습니다. 워라밸은 좋은 성과가 있다는 전제 아래 개인의 선택에 맡깁니다. 또한 모든 사람들의 의견을 듣지는 않으며, 전문성이 있고 필요한 사람의 의견을 참고한 뒤, 내 전문성과 비교해 책임하에 결정합니다.

『이기적 직원들이 만드는 최고의 회사』에서 위계조직에 대비한 역할조직을 '전문적 역할에 따라 결정권이 주어지는 조직'이라고 정의했습니다. 이제『옥소 플레이북』에서 구체화한 역할조직의 정의는 다음과 같습니다.

'나와 동료들, 매니저가 서면으로 평가하여 자신의 역할을 잘 할 때는 무제한의 자유와 결정권을 주지만, 자신의 역할을 잘하지 못할 때는 역할을 바꾸거나 떠나야 하는 조직'

3) 우리에게 주어진 자유

옥소폴리틱스는 우리의 미션을 이해하고 자신만의 장점을 살려 기여할 전문인들을 찾고 있습니다. 나만의 장점을 최고의 성과로 연결하는 방법은 나만이 최적화할 수 있습니다. 그래서 옥소폴리틱스에서는 일을 시키는 사람이 없습니다. 미션과 나의 역할을 생각하면서 무엇을 어떻게 기여할지 스스로 판단합니다. 자신의 방식으로, 자신이 생각했을 때 우리 미션을 위해 가장 도움이 되는 기여를 하면 되고, 그 결과에 책임을 지면 됩니다.

옥소폴리틱스는 전반적으로 업무나 프로젝트에 참여하는 것이 자율적입니다. 내가 하고 싶은 프로젝트에 참여해서 같이 만들어 나가는 구조이기 때문에 능동성이 중요해요. 쉽게 말해 사수가 친절하게 알려주는 느낌은 아니에요. '저 뭐 하면 돼요?', '저 어떻게 하면 돼요?'라는 질문에 대해서 '이거 하세요', '이거 언제까지 해 주셔야 돼요'라고 구체적으로 알려주지 않습니다. 그러다 보니 오전 9시에 출근해 오후 6시에 퇴근할 때까지 누구도 나에게 일을 주지 않는 경험도 할 수 있습니다. 능동적이지 않다면, 3개월 뒤에 성과를 측정했을 때 아무것도 없을 것이고요. 나에게 주어진 일이 없으니 안 했다는 말은 변명이 될 수 없어요. 굉장히 좋은 제도이지만 스스로에 대한 파악이 되어 있지 않으면 고난과 고통 속에서 시간을 보낼 수도 있습니다.

옥소의 평가항목 가운데 주도성이 있습니다. 이 사람이 얼마나 주도적, 능동적으로 일했는지가 업무 평가 기준 중에 하나인 것입니다. 내 일에 필요한 리소스가 무엇인지 질문하고 이를 해결할 수 있는 사람이 어떤 팀원인지 파악하는 것, 그리고 도움을 요청하는 것까지 주도성이라고 생각합니다.

(1) 시간 활용의 자유(자유로운 근무 시간과 휴가)

팀원들과 협의한 사항들을 준수한다면 낮에 일하고 밤에 쉬든, 낮에 쉬고 밤에 일하든 누구도 간섭하지 않습니다. 자신의 컨디션과 스타일에 맞게 최상의 성과를 낼 수 있는 루틴을 정하는것은 자신의 자유입니다. 휴가 역시 마찬가지입니다. 휴가는 단순히 일하지 않는 시간이 아니라 최고의 성과를 만들기 위한 나만의 충전 시간입니다. 최고의 퍼포먼스를 내도록 최고의 컨디션을 유지하는 것은 전문가의 의무이자 책임입니다. 축구선수가 경기장에 나올 때 최고의 컨디션으로 나오는 것은 본인을 포함해 팀을 위해서도 반드시 지켜야 하는 약속입니다. 어제 과음하고 몸이 아픈 상태로 무리하게 경기장에 서는 것은 계약위반 사항일 것입니다. 아프거나 피곤하면 쉬고 최선의 컨디션으로 일을 할 수 있도록 시간 활용의 자유를 누렸으면 좋겠습니다.

한별 님의 이야기: 시간 활용의 자유

간단하게 말하면 저희 아내가 이직 생각하지 말라고 이야기해요. 시간 활용이 정말 자유로워요. 대신 스스로 어느 시간에 일을 하는 게 효율이 좋은지 기준점을 정해야 돼요. 퇴사를 하셨던 분들이나 이제 온보딩을 하신 분들 가운데 오히려 이 자율적인 시간 활용 때문에 굉장히 힘들어하는 것을 종종 보곤 합니다. 오전 9시에서 오후 6시, 딱 그 시간 안에만 워라밸을 분리하시는 분들에게는 힘들지만 어느 시점에 어떤 상황에서 탄력적으로 일했을 때 성과가 나오는지 스스로 판단하고 있는 사람에게는 굉장히 좋은 제도예요.

내 자유만큼 상대방의 자유도 굉장히 중요합니다. 미팅은 서로 사생활을 방해하지 않는 선에서 일반적으로 업무 시간이라고 말하는 시간 내에 정하려고 노력합니다. 그리고 상대방 시간을 존중해서 정한 미팅 외에는 정말 자유롭게 잡아요.

저는 미팅을 다 소화한 이후에, 소위 말해 '각'을 잡고 내 일을 해야 된다면, 보통

낮 12시부터 저녁 5시까지 수면을 취합니다. 그리고 저녁에 야구 경기를 틀고 일을 해요. 텔레비전을 보면서 일을 하고 밤늦게 혹은 새벽까지 일을 합니다. 왜냐하면 그게 저에게 가장 효율이 좋거든요. 저는 어떤 상황에서 일의 효율이 올라가는지에 대해 메타인지가 잘 되는 편이에요.

한별 님의 이야기: 여행을 다니면서 일하는 개발자가 있다?

저희는 프로젝트 단위로 움직입니다. 이주일 정도의 프로젝트 단위로 모든 행동이 이루어져요. 작게는 하루 단위로 내가 뭘 할지 정해지지만 크게 이주일 동안 내가 무엇을 할지 정해져 있어요. 이제 이주일 동안 내가 자유롭게 결과를 만들어 내면 되고, 만약에 미뤄질 것 같으면 미리 양해를 구해서 그 기한을 늘리면 됩니다. 개인적인 시간 분배는 정말 자유롭습니다. 모두가 같이 시간을 고정한 미팅이 있지만 그 외에 프로젝트 단위로 일하는 시간이 이주일이라면, 그 안에서는 정말 자유롭게 일할 수 있습니다.

저는 사실 여행을 좋아하는 편이에요. 저는 작년도 올해도 여행갈 때 제가 일을 하면서 소화할 수 있는 여행이라면 연차를 내지 않고 갑니다. 마감의 압박을 느끼고 싶지 않다면 연차를 내겠지만 놀면서 일할 수 있고 회의도 별로 없다면 그냥 갑니다. 작년에 고성에 여름휴가를 갔을 때 역시 따로 휴가를 내진 않았어요. 아침 회의 끝나고 나가서 수영하고 성게 따고 놀다가 밤에 다같이 캠프파이어까지 하고 난 뒤, 새벽에 별 보면서 한 서너 시간 일해요.

실제로 엔지니어 분들의 업무 시간을 보면 상당히 자유로운 편이에요. 통상 근무 시간에 일하고 저녁에는 신경 끄는 분들이 있고, 저처럼 오전 11시쯤 회의가 끝나면 오후 4~5시까지 오프하고 잠을 자거나 운동을 다녀오거나 다른 활동을 한 다음, 밤에 일하는 분들이 있어요.

그래서 모든 사람이 통상적으로 회의하는 시간을 제외하고는 스스로 일을 하고자 하는 시간에 하기 때문에 급해서 질문을 남겨도 당장 답장이 돌아오지 않을 수 있어요. 나만 급할 뿐 다른 사람은 일 끝내고 쉴 수 있으니까요.

(2) 회사에서 행복할 자유

행복은 개인의 영역이고 사람마다 다르기 때문에 회사가 당신의 행복을 항상 책임질 수는 없습니다. 그러나 회사가 당신을 불행하게 해선 안 됩니다. 일하면서 매순간 행복할 수는 없겠지만 일 이외의 요소 때문에 불행이 누적되면 회사에서 일을 지속할 수 없습니다.

회사가 나를 일꾼이 아닌 전문가로 대하고 회사의 미션에 대한 나의 기여를 존중해줄 때, 잘 쉬고 회사에서 인정받으며 내가 하고 싶은 일을 열심히 한다면 일하면서도 충분히 행복할 수 있습니다.

하지만 그 반대의 경우를 생각해보면 왜 회사에서 행복하기가 어려운지 알 수 있습니다. 회사가 나를 전문가가 아니라 못 믿을 만한 일꾼으로 대하면서 다양한 협박을 통해 내가 별로 좋아하지 않는 일을 시키면 됩니다. 사실 협박이나 강요를 당하면서 일하면 좋아하는 일을 해도 피곤하고 괴롭습니다. 매슬로우의 욕구 단계설에 맞게 회사에서 행복할 조건과 불행할 조건을 정리하면 다음과 같습니다.

회사에서 행복할 조건

생리	잘 먹고 잘 쉰다
안전	협박당하거나 괴롭힘당하지 않는다
소속	팀원들과 원만한 관계를 갖는다
존경	회사가 내 기여의 가치를 인정하고 기대한다
자아	내 장점과 전문성을 살려 자발적으로 기여한다

회사에서 불행할 조건

생리	늘 피곤하고 힘들다
안전	일 못하면 잘린다고 협박당한다
소속	팀원 간에 경쟁관계가 된다
존경	다른 사람들과 늘 비교당한다
자아	내가 싫어하는 일을 해야만 한다

4) 내가 만든 퍼즐 vs. 다른 큰 퍼즐의 조각

제가 본 우리나라의 회사원들은 바쁘고 피곤하다는 말을 입에 달고 살았습니다. 그것이 회사원의 기본자세라도 되는 것처럼 늘 이야기했습니다. 1차적인 욕구부터 충족이 되지 않습니다.

또한 우리나라에서 누군가에게 동기부여를 하는 방식은 대부분 '협박'에 기반합니다. 어려서부터 공부 못하면 대학을 못 가고, 대학을 못 가면 인생의 낙오자가 된다는 무서운 협박을 듣고 공부를 해왔습니다. 이 공부를 통해 내가 어떤 사람이 될지, 이 지식을 활용해서 어떤 멋진 일들을 해낼 수 있을 지에 대해서는 대부분 고민해 본 적이 없었습니다.

공채를 통해 사람을 뽑는 위계조직에서는 팀원 간 경쟁이 회사 내 원동력이 됩니다. 경쟁에서 뒤처지면 잘린다는 '채찍'을 통해, 혹은 경쟁에서 승리하면 승진해 연봉이 오르고 더 큰 권력을 가질 수 있다는 '당근'을 통해 동기부여를 합니다. 이처럼 경쟁상대들과 함께하는 팀에서는 애정이나 소속의 욕구가 생기기 어렵습니다. 겉으로 친하게 지내도 중요한 순간에는 경쟁상대가 되어 내가 머리를 밟고 올라가거나, 내 머리를 밟고 올라가게 됩니다. 그리고 경쟁관계에서는 내가 비교당하는 것이 당연하기에 존중의 욕구도 채우기 어렵습니다.

자아실현의 욕구는 더더욱 충족시키기 어렵습니다. 위계조직에서는 윗사람이 시키는 일을 수행합니다. 내가 하고 싶은 일도 남이 시켜서 하면 하기 싫습니다. 이것이 내가 아무리 좋아하는 일도 직업이 되면 하기 싫어지는 이유 중 하나입니다.

퍼즐 맞추기를 좋아하는 사람이라도 내일까지 완성해오라고 하면 좋아할 리 없습니다. 시간제한 없이 내 맘대로 퍼즐을 맞춰 내 이름을 걸고 전시한다면, 스스로 정말 최선을 다해 시간 가는지 모르고 만들 것입니다. 내가 만든 퍼즐이 그냥 다른 큰 퍼즐의 조각으로만 사용되고 데드라인까지 있는데 창의력을 발휘할 필요도 없다면, 퍼즐 맞추기 자체가 싫어질 것입니다. 바로 이 부분이 위계조직이 창의력을 통한 혁신에 어려움을 겪는 지점입니다.

(1) 창의적인 일은 커리어가 된다

위계조직은 제조업을 위하여 만들어졌습니다. 이미 정해진 것을 조립하는 일은 원래 재미가 없고 창의력이 필요하지 않습니다. 그래서 괴로운 일을 열심히 하도록 많은 감시와 보상 장치를 만들어야 했습니다.

그렇지만 창의적인 일은 재미있으며, 커리어가 될 수 있습니다. 엄청난 숙련도가 있는 달인이 아니라면 공장에서 똑같은 것을 만드는 것이 커리어가 될 수 없겠지만 창의적인 디자이너, 엔지니어 등은 커리어 시작부터 자신만의 브랜드를 만들어 몸값을 높일 수 있습니다. 그래서 창의적인 일을 하는 사람은 제약과 감시가 없는 편이 더 좋은 성과를 내는 데에 도움이 됩니다.

예를 들어, 손흥민이 있던 독일의 레버쿠젠이 그를 잡아두기 위해 최선을 다했다면, 손흥민의 커리어 측면에서 마이너스이기에 열심히 할 필요가 없었을 것입니다. 잘리지 않기 위해서, 또는 연봉을 올리기 위해 골을 넣는 것은 그에게 지속적인 동기부여가 되기 어렵습니다. 손흥민이 레버쿠젠에서 열심히 뛴 것은 그곳을 통해 다른 좋은 팀에 눈에 띄어 더 많은 기회를 얻음으로써 자신의 가치를 높일 수 있기 때문입니다. 즉 손흥민에게 동기부여를 한 것은 더 좋은 팀을 향한 커리어 성취였을 것입니다. 그리고 더 높은 곳을 보고 있는 손흥민은 레버쿠젠에서 뛰어난 퍼포먼스를 보여주면서 팀에 큰 기여를 했습니다. 이와 같이 자신만의 브랜드를 만들어가는 창의적인 노력은 힘들긴 하지만 자신만의 가치를 높일 수 있습니다.

(2) 내 커리어를 위해 다니는 회사

이렇게 자아실현을 위해 커리어를 쌓는 것을 목표로 하면, 회사에서 일을 하지 말라고 해도 열심히 하게 됩니다. 일을 열심히 안 하는 것은 회사의 손해보다 내 커리어에 손해로 돌아오기 때문입니다. 또 반대로 편하게 휴가를 가질 수도 있습니다. 내 휴가를 위해 회사를 희생시키는 것이 아니라, 내 커리어 발전을 잠시 멈추는 것이기에 온전히 내 것이 됩니다.

그래서 실리콘밸리에서 직원을 뽑을 때는 어떤 커리어 목표를 가지고 있는지 물어봅니다. 몇 년 후 회사를 떠날지 안 떠날지가 중요한 것이 아니라, 커리어에 비추어 이 회사에 있는 동안 얼마나 많은 것을 배우고 싶은가를 묻고 싶은 것입니다.

자신의 꿈이 월급을 받기 위해 회사에 충성하는 것이라면, 그런 사람은 뽑을 이유가 없습니다. 일은 최소한으로 하고 잘리지 않기 위해 안정적인 선택만을 할 것이기 때문입니다. 자신의 꿈이 회사에서 많이 배우고 성장해서 몇 년 후에 다른 회사로 옮기는 것이라면, 자아실현을 위해 항상 새로운 것을 추구하고 적극적으로 일할 것이라고 기대합니다.

전문적인 수준을 갖춘 직원들을 전문가로 대하고 전문가로 활용하는 것은 기업 실적과 효율성을 위해서도, 개인 행복을 위해서도 훨씬 나은 일입니다. 그리고 저는 우리나라 회사들이 필요에 의해서라도 이미 그렇게 변화하고 있다고 믿고 있습니다. 개개인이 행복하고 여유 있는 마음을 가지고 업무에 어느 정도 거리를 두며 사색할 수 있을 때, 시키는 일을 하는 것이 아닌 전문성을 갖춘 창의력을 발휘할 수 있을 때, 회사에 +1이 아닌 ×100의 기여를 할 수 있게 될 것입니다.

한별 님의 이야기: 옥소폴리틱스가 엔지니어의 커리어 성장에 기여하는 것들

옥소폴리틱스는 엔지니어에게 이상적인 기업입니다. 저는 프론트 엔드 엔지니어를 하고 있어요. 엔지니어들도 자신의 전문 분야에 따라 다양한 관심사를 가지고 있습니다. 일반적인 회사의 경우, 한 가지 기술에 집중합니

다. 핀테크 회사면 핀테크에 관련된 보안 기술들이 중심이고, SNS를 다루는 회사라면 채팅을 주고받는 실시간 기술들이 메인이 될 것입니다. 통계 데이터를 보여주는 곳이라면 통계 데이터를 꾸미는 것이 중심이 되겠죠.

그런데 옥소폴리틱스는 정치 소셜 네트워크라고 하는 이름 아래 굉장히 많은 범위의 데이터를 다룹니다. OX 데이터에 따른 통계 자료가 있고, 그 통계 자료를 통해서 어떻게 데이터를 시각화할 수 있을지에 대한 전문 분야가 있습니다. 그래서 옥소에서는 엔지니어로서 데이터 비주얼라이제이션 분야에 대해서 공부하고 자신을 발전시킬 수 있습니다. 또한 채팅 데이터가 있는데, 저희는 실시간 채팅 서비스를 제공하기 때문에 실시간 통신을 이루어지는 소켓이 있어요. 그래서 소켓 통신 기술도 옥소 안에서 배우고 스스로 향상시킬 수 있습니다. 그리고 저희는 '폴디' 서비스를 도입하면서 블록체인 기술을 도입하려 함과 동시에 웹 3.0 기술을 도입하려고 노력하고 있습니다.

그뿐 아니라 '플러터'라고 하는 앱 개발 기술까지 내부에서 소화하고 있어서 엔지니어링 스펙트럼이 굉장히 넓습니다. 그 덕에 옥소 안에서 엔지니어로서 스스로 발전할 수 있는 범위가 굉장히 넓어요. 아까 처음에 말씀드렸듯이 엔지니어로서 뭘 하고 싶은지를 강조한다고 했잖아요. 내가 욕심이 있다면 그것들을 배울 수 있지만 반대로 내가 뭘 할지 모르겠다고 하는 사람한테는 갈피를 못 잡는 환경이 될 수도 있습니다.

옥소폴리틱스는 구성원들을 주인공으로 만들어주는 곳입니다. 그리고 주인공이 되기 위해서는 정말 많은 노력을 해야 합니다. 숲을 보면서 나무를 보는 능력, 서로 원활하게 소통하는 능력, 그리고 자기 계발을 지속하는 노력도 필요합니다. 이러한 DNA가 준비되어 있지 않다면 옥소폴리틱스라는 조직은 맞지 않는 옷이 될 수도 있습니다.

05
전문가다운
책임감

1) 내 컨디션에 대한 책임

회사는 당신의 컨디션과 번아웃을 책임지지 않습니다. 컨디션 조절은 개인의 책임입니다. 컨디션이 안 좋으면 자신의 팀과 상의하고 쉬면 됩니다. 휴식이 필요할 때는 팀에게 먼저 공유하는 것이 필요합니다. 휴식을 통한 충전은 개인의 영역이지만, 휴식에 의한 공백은 팀과 함께 논의해야 할 문제입니다. 그리고 일을 할 때 최상의 컨디션을 만들기 위해 노력합니다. 운동선수가 경기 전날 과음하고, 피곤한 상태에서 경기장에 나서는 것은 전문가답지 않습니다. 이것은 계약위반이자 징계사유입니다. 쉬기 위해 일하는 것이 아니라 일하기 위해 쉰다고 생각해야 합니다.

2) 나의 결정에 대한 책임

누군가의 말을 반드시 따를 필요는 없습니다. 협의는 나른 의견을 따르는게 아니라 더 좋은 의사결정을 위해 다른 의견을 참고하는 것입니다. CEO는 회사 경영을 전문적으로 맡은 회사 동료일 뿐, 윗사람이 아닙니다. 자신의 영역에서 자신의 판단이 더 좋다면 굳이 따를 필요는 없습니다. 다만 선택의 결과에 책임을 지면 됩니다. '대표님이 이렇게 하라고 했다'는 말은 의미가 없습니다. CEO가 경영을 담당하는 전문가라면, 당신 또한 당신의 역할에서 전문가입니다. 선택에 대한 결과는 당신의 책임이며 책임의 크기와 결과에 따라 레벨과 연봉이 주어집니다.

적극적으로 대표의 말을 무시해도 됩니다. 시간이 경과됨에 따라서(프로젝트가 진행됨에 따라서) 대표의 의견이 바뀔 수도 있습니다. 또한 자신의 전문지식에 근거할 때 대표의 생각이 효율적이지 않다면 자신의 생각을 피력하면 됩니다.

3) 나의 시간에 대한 책임

팀과 함께 정한 시간은 꼭 지켜야 합니다. 인원들이 다 올 때까지 정적이 흐르는 회의 시간은 1분이 10분처럼 느껴집니다. 해야 할 업무가 회의에서 정해진 이후에 진행되는 일이라면 늦는 시간만큼 결정이 지연됩니다. 회의뿐만 아니라 업무 마감도 잘 지켜야 합니다. 시간에 대한 신뢰의 문제는 전문가에게 매우 중요합니다.

옥소폴리틱스에서는 위에서 내려오는 데드라인이나 마감이 존재하지 않습니다. 본인이 책임을 지고 약속을 하면 됩니다. 여유롭게 약속을 하는 것이 필요합니다. 다른 사람들이 당신의 약속에 의지하여 다음 계획을 세우게 될 것입니다.

Chapter 4.

함께
일하기

Chapter 4

함께 일하기

01
각자의 역할에
책임을 집니다

만약 의자가 고장나 수리해야 한다면 어떻게 할까요? 전문가를 불러 의자를 수리하면 됩니다. 전문가는 의자를 수리하고 그에 합당한 임금을 받습니다. 물론 수리의 품질은 전문가가 책임집니다. '못은 어디에 박을까요?', '나사를 몇 번 돌릴까요?', '이 정도 고쳤으면 될까요?' 같은 질문을 한다면 전문가는 돈을 받을 자격이 없습니다. 이처럼 전문가는 문제를 인식하고 해결하는 데 필요한 것을 알아야 합니다.

우리는 프로젝트를 만들고 수행하는 데 있어 항상 옥소폴리틱스의 미션을 생각하고, 내가 어떻게 해야 그것을 이룰 수 있을지 생각합니다. 이 과정에서 내가 모르는 것이나 필요한 스킬이 무엇인지 파악합니다. 주변 사람들에게 물어보면 해답을 더 빨리 찾을 수 있습니다. 주도적으로 일을 한다는 것은 혼자서 일을 하는 것이 아닙니다. 회사 내 다른 사람들을 최대한 활용해서 문제를 해결해야 합니다.

02
끊임없이 능동적으로
소통합니다

우리의 미션을 위해 내가 할 일을 알아내는 것은 혼자만의 작업이 아니며 동료들과의 끊임없는 소통이 필요합니다. 자신의 일은 내가 기획하지만 그 기획에는 많은 동료들의 정보가 필요합니다. 미션을 위한 각자의 일들은 모두 연결되어 있기에 나의 결정에 도움을 줄 많은 팀원들과 다양한 방법으로 소통을 해야 합니다.

옥소폴리틱스는 가만히 있으면 윗사람이 일을 시키고 문제를 해결해주는 조직이 아닙니다. 방법을 의논할 동료는 많지만 업무를 지시해 줄 윗사람은 없습니다. 자신의 아이디어를 구체화해서 표현하면 더 좋습니다.

03
사실을 기반으로
소통합니다

문제가 생기면 적극적으로 소통해야 합니다. 업무 내적인 문제든, 동료 간 소통의 문제든 이야기를 통해 해결합니다. 다만, 주관적인 감정과 추측을 배제하고 사실만 가지고 논의해야 합니다.

'저를 계속 무시하셔서...'와 같은 말에는 상대방의 의도에 대한 추측과 서운한 감정이 담겨 있습니다. '지난번에 하신 그 말씀의 의도는 무엇이었나요? 저는 그 당시에 저를 무시하는 이야기라는 생각을 했습니다'로 바꾸면 문제 해결을 위해 '추측의 여지'를 없애고, 나의 감정이 상했다는 '사실'만 전달할 수 있습니다. 이렇게 소통해도 갈등이 해결되지 않는다면 매니저와 함께 방법을 의논해야 합니다.

04
약한 의견과
강한 의견

소통을 할 때는 '약한 의견'과 '강한 의견'을 나누어 제시합니다. '약한 의견'은 쉽게 참고하고 반영하지 않아도 되는 의견입니다. 반대로 '강한 의견'은 반드시 토론을 거쳐 합의에 이르러야 하는 의견입니다.

만약 디자이너의 결과물을 보고 CEO가 '저는 이 색이 별로인데요'라고 한다면, 그것은 CEO의 개인적인 의견이며 약한 의견입니다. 디자이너는 전문적인 식견을 가지고 CEO의 의견을 참고하되 적절하지 않다면 무시해도 됩니다. 강한 의견이라고 표현하지 않은 모든 의견은 약한 의견이라고 생각하면 됩니다.

만약 CEO가 '강한 의견인데요. 저는 이 색으로 하면 안 된다고 생각합니다'라고 한다면, 이 의견은 토론을 거쳐야 합니다. 우선 CEO가 왜 이 색이 안된다고 생각하는지 확인합니다. 그리고 다른 대안이 있는지 함께 토의합니다.

CEO: 우리 회사 전체의 이미지 색상은 노란색입니다. 빨간색을 도입하는 것은 부적절한 것 같습니다

디자이너: 앞으로 우리 디자인의 발전 방향으로 보았을 때 빨간색을 우리 이미지에 도입해야 한다고 생각합니다

각자의 입장을 바탕으로 빨간색을 우리 디자인 시스템에 추가해야 하는지, 추가했을 때 장점과 단점은 무엇인지 논의하고 최종적으로 결정을 내립니다. 그 결정으로 인해 영향을 받는 다른 여러 동료들의 생각을 듣는 것 역시 중요합니다. 그럼에도 불구하고 강한 의견 또한 반드시 받아들여야 하는 의견은 아닙니다. 최종 판단은 언제나 책임을 맡은 전문가의 몫입니다.

한별 님의 이야기: 비대면 소통

같은 공간에서 동료들과 마주하는 회사가 아닌 만큼 물리적인 외로움은 당연히 있습니다. 하지만 이런 외로움이 함께 사무실에서 근무해야만 채워지는 건 아니라고 생각합니다. 매일 동료들과 부대껴야만 외로움이 해결되는 건 아니니까요. 저희는 화상 회의와 채팅 등 대부분의 소통이 비대면으로 이뤄지는 만큼, 오히려 대면 방식보다 정확한 의사전달을 위해 노력합니다. 그러다 보니 의사소통의 질이 높아지고, 불필요한 정서적 소모가 줄어드는 것을 느낍니다. '비대면으로 의사소통이 제대로 이루어질까' 하는 의문을 품는 분들도 많은데, 오히

려 그만큼 개별 소통에 많이 집중할 수 있다고 생각합니다.

제 생각에는 물리적인 외로움을 회사가 채워줘야 할 필요는 없는 것 같습니다. 옥소에서는 자율적인 근무를 통해 개인에게 충분한 시간이 주어지기 때문에 다른 활동을 통해 충족해야 한다고 생각해요. 엔지니어팀 동철 님은 매일같이 새벽 늦게 까지 길거리 농구를 하세요. 자율적으로 시간을 분배함으로써 정서적인 결핍을 여 가생활로 충족시키고, 업무 시간에 필요한 에너지를 효율적으로 집중하는 겁니다.

한별 님의 이야기: 엔지니어들 사이의 갈등?

엔지니어들끼리 일어나는 갈등은 '순서'의 문제인 경우가 많습니다. '무엇부터 할 것인가'라는 질문은 꿈을 현실로 만들기 위해 꼭 필요해요. 여타 회사와 다른 고민일 수 있는데, 저희 회사는 엔지니어링적으로 '하고 싶은 것 을 하라'는 목표가 있어요.

또한 엔지니어팀에서는 자신만의 '불(나만의 꿈)'을 가진 엔지니어가 되길 원하 는 문화가 있습니다. 어떤 분은 디자인에 특히나 관심이 많으셔서 이걸 조금 더 체 계적으로 만들어 업그레이드하고 싶다는 욕심이 있고, 어떤 분은 안정적으로 테스 트해서 오류 없는 백그라운드를 완성하고자 하는 욕심이 있습니다. 우리 회사의 미 션과는 별개로 각자가 되고 싶은 '엔지니어'의 모습이 있고, 특히 저마다 기술적 전 문성을 가지고 싶어 하는 분야가 다릅니다.

옥소에서는 이런 개개인의 '욕심'을 억누르기보다는 장려하는 편입니다. 이렇게 각자의 욕심을 독려하다 보면 나와 팀의 우선순위가 어긋나는 경우가 생기곤 하는데, 이럴 때 '무엇이 우선인가'라는 질문이 생기게 됩니다.

'당신의 미션은 우리 모두의 미션이 될 수 있지만 지금은 다소 미뤄질 수 있다. 하지만 폐기하는 것이 아니니, 시간이 걸리더라도 함께 목표를 만들어나가자'와 같은 방식으로 우선순위에 대해 설득하는 데 갈등이 있는 편입니다. 저는 이렇게 갈등을 빙자해(?) 개인의 아이디어를 존중하는 옥소가 좋습니다. 하지만 이 과정에서 누군가는 기분이 상할 수 있어 수시로 설득하는 과정이 필요합니다.

05
회사 구성원은
모두 대등한 관계입니다

1) 협상하기와 평가하기

역할조직에서 CEO 혹은 시니어(Senior)는 나보다 높은 사람이 아니라 역할이 다른 회사 동료입니다. 직급의 차이는 역할에 따른 책임의 차이일 뿐 서로에게 지시하기 위함이 아닙니다. 어떤 일이든 걸리는 시간, 일의 양 등은 본인에게 필요한 만큼 스스로 판단해서 약속하면 됩니다. 만약 프로젝트 수행을 위해 필요한 자원이 있다면 매니저를 통해 요청하고 협상하는 과정이 필요하며 동료들과 이러한 과정을 지속적으로 소통하고 공유하는 것이 중요합니다.

시키는 일을 얼마나 잘했는지, 얼마나 많은 시간 동안 일했는지는 당신의 성과를 평가하는 기준이 아닙니다. 자신이 약속한 일을 얼마나 잘 성취했는지, 그 일을 통해 회사는 어떤 진전을 이뤘는지가 중요합니다. 당신에 대한 평가는 물리적인 일의 양이 아닌, 함께 일한 팀원이 판단한 당신의 기여도에 기반합니다. 이러한 상호 평가는 직급의 상하와 상관없이 함께 일한 모든 동료들과 서로 주고받게 됩니다.

2) 전문가다운 소통

협상을 하거나 회의를 할 때, 기대한 정도와 실제 전달받은 것 사이의 간극을 명료하게 전달해야 합니다.

(1) 안 좋은 의사소통: 합의되지 않은 기대 제시

CEO: "설문지 작성해서 업로드했습니다"

설문지 담당자: "어? 왜 이렇게 설문지 작성 글이 짧아요? 대표님이 그러시면 안 돼요"

위 사례에서 설문지 담당자의 문제는 '합의되지 않는 기대'를 제시한 것입니다. '작성 글이 짧다'라는 평가는 담당자가 처음부터 글의 길이에 대한 기대를 가지고 있었다는 것을 보여줍니다. 하지만 기대에 대한 합의와 공유가 사전에 이루어지지 않았기 때문에 평가를 듣는 입장에서는 당혹스러울 수 있습니다. 또한 '짧다'라는 피드백에도 구체적인 기대가 누락되어 있습니다. 어느 정도로 짧은지, 기대한 길이가 어느 정도였는지 전달했어야 합니다.

마찬가지로 '대표님이 그러시면 안 된다' 역시 합의된 기대로 보기 어렵습니다. 이 평가에는 '대표라면 이 정도는 해야 한다'라는 기대가 함축되어 있는데, 이것 역시 주관적인 기대입니다. 피드백을 할 때는 합의된 기대에 기반해서 소통해야 하며, 서로가 생각하는 기대가 달랐으면 명확하게 이야기해야 합니다.

(2) 안 좋은 의사소통: 구체적이지 않은 평가

자료 담당자: "말씀하신 자료 수정해서 가져왔습니다"

CEO: "아니에요. 이것보다는 훨씬 더 좋은 퀄리티가 필요합니다. 다시 수정해주세요"

대등한 관계는 착한 갑이 되는 것이 아닙니다. 표현을 존대어로 바꾼다고 해서 대등하게 소통하는 건 아닙니다. 위 CEO 발언의 문제는 구체적이지 않다는 것입니다. '더 좋은 퀄리티'라는 말에는 구체적인 기대가 없습니다. 기대와 결과 사이에 차이가 있다면 원하는 방향을 더 명확하게 이야기해야 합니다. 분량의 문제인지, 혹은 특정한 데이터가 누락되었는지 필요한 것을 명확하고 자세하게 전달해야 합니다.

(3) 대등한 관계에서 바람직한 소통 방식: Expectation - Delivery - Gap

소통할 때는 요구 사항을 명확하게 제시하고 공유하여 함께 문제를 해결하는 것을 목표로 해야 합니다.

위의 대화를 Expectation - Delivery - Gap에 맞게 바꿔보겠습니다.

CEO: "설문지 작성해서 업로드했습니다"

설문지 담당자: "아, 저는 500자 정도의 길이를 기대했는데요, 업로드해주신 분량은 200자 정도인 것 같아요. 이 부분을 조금 더 보충해주실 수 있을까요?"

분량에 대해 기대하는 정도를 명확하게 표현했고, '대표라면 이 정도는 했어야 한다'와 같이 피드백과 무관한 이야기는 하지 않았습니다.

자료 담당자: "말씀하신 자료 수정해서 가져왔습니다"
CEO: "저는 이번에 연도별 자료와 더불어 분기별 자료도 정리해주시길 기대했습니다. 기대에 대한 소통이 부족했던 것 같아요. 현재 이 자료에는 분기별 자료는 누락되어 있는데, 분기별 자료도 추가해주세요"

무엇이 부족한지 구체적으로 피드백한 경우입니다. 이와 같이 기대와 전달 사이의 차이를 공유하고 문제를 해결하는 데 집중해야 합니다.

대우 님의 이야기: 전문가의 소통

'과연 나는 지금 전문가인가?' 저 스스로에게 가장 어려운 질문이었습니다. 그런데 그냥 쉽게 정의하면 '내 전문 분야에 있어 어려운 개념들을 쉽게 설명해 줄 수 있는 사람' 저는 그게 전문가라는 생각이 듭니다. 내 자신이 어느 경지에 이르지 못하면 전공자만 알아듣는 어려운 단어로만 설명하게 되는 것 같아요. 이것도 일종의 소통의 능력입니다.

저는 대통령 선거를 통해 비슷한 경험을 했습니다. 대선 후보 인터뷰를 보면, 정치에 관심 없는 사람들에겐 생소한 경제, 안보, 문화 정책을 이야기하잖아요. 어떤 후보는 고급 단어로 장황한 설명을 하지만 이해하기 힘들었고, 어떤 후보는 쉽고 명료하게 설명했습니다. 알지도 못하고 관심도 없었던 분야인데 '그 이야기가 이런 내용이었구나' 하고 쉽게 말하는 후보가 있었어요. 그래서 저 역시 '나는 엔지니어로서 비전문가에게 설명하고 소통할 때 저런 사람이 되어야겠다'고 생각했습니다.

06
대등한 사람들은
끊임없이 협상합니다

역할을 계급으로 이해하면 협상보다 소원수리 형태의 의사소통을 하게 됩니다. 이러한 상황에서 소통은 서로에게 부담입니다. 윗사람은 아랫사람보다 잘 아는 척, 판단력이 좋은 척을 해야 하고 아랫사람은 윗사람 마음에 드는 이야기를 하기 위해 아이디어보다 사람을 파악하는 데 시간을 써야 합니다. 대등한 사람들은 원하는 결과에 도달하기 위해 끊임없이 협상합니다.

(1) 소원수리의 의사소통: 아랫사람이 불만을 이야기하고 윗사람이 도움을 베푸는 것

팀원: "팀장님, 저희 팀원이 너무 적은 것 같아요. 충원할 수 없을까요?"

팀장/매니저: "위에 건의를 드려보겠습니다. 그러나 이미 많은 고려를 한 결정이라 어려울 거라 생각됩니다"

팀원: "꼭 부탁드립니다"

(2) 협상의 의사소통: 대등한 입장에서 같은 목표를 가지고 서로 돕는 것

팀원: "추가 인력 지원이 필요합니다. 현재 약속된 기한까지 완료하기 위해 3명이 더 필요한데, 지금은 한 명밖에 없어요. 그렇게 되면 6개월 후에 완성됩니다"

팀장/매니저: "할 수 없죠. 제가 한 명은 더 구할 수 있어요. 그럼 언제 완성될까요?"

팀원: "온보딩을 감안하면 5개월로 줄일 수 있을 것 같아요"

팀장/매니저: "그럼 그렇게 하죠"

협상의 목적은 협력하여 문제를 해결하는 것입니다. 지속적으로 문제 상황을 공유하고, 같이 해결해간다는 생각으로 함께해야 합니다.

한별 님의 이야기: 일이 연기될 때

찬현 님이 이런 이야기를 하신 적이 있습니다. '우리가 진행하는 대부분의 프로젝트들은 한 주 늦는다고 해서 치명적인 문제가 되진 않는다' 속도에 무리하지 않고 우리의 미션을 지키며 발전하는 것이 중요하다는 의미입니다. 그래서 프로젝트를 미루는 것 또한 자유롭습니다. 예를 들어 이번 주 금요일까지 끝낼 수 있다고 생각한 프로젝트라도 막상 시작한 뒤 시간이 필요하다면 '다음 주까지 작업 기간이 더 필요합니다' 하고 조율할 수 있습니다. 이렇게 능동적으로 기한을 조절할 수 있는 여지는 모든 직원에게 열려있습니다.

합의된 기한이 다 되어서 못한다고 해서는 안 되지만, '해보니까 더 오래 걸릴 것 같아요'라고 미리 협의한다면 프로젝트 일정이 다소 조정되더라도 문제되지 않습니다. 저도 일이 많을 경우에는 일부 프로젝트에 대해 '당장은 작업하기 힘들다'라고 미리 양해를 구한 뒤, 일정을 미루는 경우가 있습니다. 이런 것들이 서로에게 있어서 굉장히 자유롭습니다.

1) 대등한 관계의 소통

(1) 강한 의견이라고 한 게 아니라면 모두 약한 의견

CEO가 네거티브한 이야기를 했다고 해서 아이디어가 반려된 것은 아닙니다. CEO는 한 명의 동료로서 자신의 생각을 공유한 것뿐입니다. 자신의 역할과 전문성에 근거해서 의견을 제공한 것이지, 그것으로 당신의 프로젝트가 결정되는 것은 아닙니다.

(2) 의견을 교환하는 것이지 승인을 받는 것이 아닙니다

상위 레벨이라고 해서 발언에 더 많은 권위를 갖는 것은 아닙니다. 반대로 자신이 하위 레벨이라고 해서 허락을 구한다고 생각하면 안 됩니다. 문제를 해결하는 데 있어 필요한 것들을 함께 고민하고 협상한다고 생각하시길 바랍니다.

(3) 당신의 프로젝트에서는 당신이 대표입니다

CEO 혹은 시니어 동료의 의견은 '지시'가 아니라 '제안'입니다. 제안을 수용하거나 무시해도 됩니다. 스스로 판단하고 결과물에 책임지면 됩니다.

소통에 있어 '성숙한 태도'가 필요합니다. 커뮤니케이션의 성숙함은 우선 나의 생각을 왜곡 없이 전달하는 것인데, 여기서 대부분의 문제가 발생합니다. 상대방은 공격성 없이 이야기했는데, 공격으로 받아들이는 사람들이 있습니다. 사람마다 민감한 지점이 다르더라고요. 그래서 커뮤니케이션이 잘 되려면, 상대방의 의도가 정확하게 나에게 전달되어야 하고, 또한 내 의도 역시 상대에게 정확하게 전달되어야 한다고 생각합니다.

모든 사람이 다 보는 채팅창에서 당사자와 해당 이슈에 대해 직접 이야기하려 해요. 이 업무가 긴급한 이유에 대해서 소통을 하고 어떻게 하면 더 나은 시스템을 같이 만들 수 있을지 다른 사람들이 다 같이 보는 공간에서 이야기하곤 합니다. 1 대 1로 대화하면 저도, 상대방도 레벨에 영향을 받을 수밖에 없습니다. 그리고 업무적인 이슈는 저와 상대방의 일이면서도 옥소 시스템 전체에 대한 이야기이기도 합니다. 비슷한 상황을 겪을 수 있는 구성원들이 사례로 참고할 수 있도록 의도하기도 했습니다.

저희는 갈등이 생겼을 때 이를 특정 인물의 문제라고 보기보다 우리 시스템에 존재하는 결함 때문이라고 생각하고 함께 해결하려 합니다. 사실 '모두가 함께 하는 상황'이라고 생각해야 서로 더 조심하게 되고, 그러다 보면 감정보다는 좀 더 핵심에 대한 이야기를 할 수 있습니다.

더불어 서로 과도하게 조심하다 할 말을 못하는 상황을 방지하게 되지 않았나 생각합니다. 저도 제가 모르게 갑질을 하는 것도 방지할 수 있고요. 제가 갑질을 했다면 다 기록에 남아서 사람들이 볼 수 있으니까요.

한별 님의 이야기: (엔지니어가 아닌) 다른 팀과의 갈등

다른 팀과 갈등이 생기는 가장 큰 이유는 결국 '시각 차이'라고 생각합니다. 엔지니어링에 대해 잘 모르시는 분들, 즉 비개발 직군 구성원들은 상상력이 뛰어나요. 실현 가능한 기능이든 불가능한 기능이든 마음껏 상상합니다.

저희 CTO 대우 님께서 항상 강조하시던 이야기가 있습니다. "엔지니어는 분명 '안 돼요'라는 말을 깔고 가는 사람이다. 그럼에도 다른 팀에게 '지금 우리가 할 수 있는 것과 할 수 없는 것'을 구분해줘서 할 수 있는 것들을 끊임없이 상상할 수 있도록 해야 하며 소모적인 갈등 없이 우리가 더 좋은 방향으로 나갈 수 있도록 해야 한다" 브레이크를 거는 역할이 필요하지만 그로 인해 자유로운 아이디어를 막으면 안 된다는 의미입니다. 우리 회사 안에서 '당신이 꿈꾸는 것' 자체를 막아버리면 안 된다고 강조를 굉장히 많이 하셨습니다.

엔지니어는 단계적으로 비전을 제시해야 합니다. UX 디자이너들이 현재 수행하기 어려운 아이디어를 갖고 오면, '지금은 안 되지만, 6개월 뒤에는 가능할 수 있도록 노력해볼게요'라고 이야기하곤 합니다. 이런 식으로 엔지니어는 '지금의 어려움'을 이야기하되, '앞으로 이룰 수 있는' 환경과 비전을 제시해야 한다고 생각합니다. 그래서 저는 엔지니어로서 함께 일하는 기획자분들이 '상상을 제한하지 않도록 하자'라는 목표를 가지게 됐습니다. 그 꿈을 현실로 만들어낼 수 있는 엔지니어가 되는 것이 저의 미션입니다.

Chapter 5.

프로젝트

프로젝트

01
옥소폴리틱스의
프로젝트는?

옥소폴리틱스에서는 '모든 사람의 모든 생각'이라는 미션을 이루기 위해 다양한 노력들이 펼쳐집니다. 앱을 만들기도 하고, 글을 쓰기도 하며, 커뮤니티를 관리하기도 하고, 투자 유치 활동을 하기도 합니다. 이러한 모든 활동을 체계적으로 수행하기 위해 프로젝트를 만듭니다.

프로젝트는 누구나 시작하고, 리더가 될 수 있습니다. 물론 프로젝트 리드를 잘하는 사람도 있고 못하는 사람도 있습니다. 각 리더마다 스타일도 다를 수 있습니다. 이렇듯 사람이라는 변수로 벌어지는 차이를 최소화하기 위해서 옥소폴리틱스는 표준화된 프로젝트 형식을 가지고 프로젝트를 진행합니다.

새로운 아이디어가 떠오르면 주변의 팀원들과 이야기하며 아이디어를 구체화시켜 봅니다. 그리고 그것을 반영해야 한다는 생각이 들면 회의에 참여해 프로젝트로 제안합니다. 제안된 프로젝트는 우선순위가 정해져 바로 시작할 수도, 나중에 시작할 수도 있습니다.

프로젝트 제안자가 리더가 되어도 되고 다른 사람이 리더가 되어도 됩니다. 프로젝트 리더의 리더십 하에 필요한 인재들을 모아 프로젝트를 진행합니다. 프로젝트 리더와 팀은 해당 프로젝트에 대해 최종 의사결정권을 갖는데, 프로젝트의 결정사항을 '윗사람'에게 승인받을 필요는 없습니다. 다만 경영진이나 다른 팀들도 언제든지 약한 의견 또는 강한 의견으로 피드백을 제공할 수 있습니다.

진실 님의 이야기: 인상적이었던 프로젝트

개인적으로 기억에 남는 건 '퀴즈야 옥소해' 프로젝트인데 많은 분들이 저에게 말씀하시곤 합니다. 왜냐면 제가 옥소에 들어오고 처음부터 기획해서 새롭게 만든 게 '퀴즈야 옥소해'였거든요. 당시에는 일요일 콘텐츠의 응답률이 많이 떨어지는 것이 고민이었습니다. '일요일에 사람들이 앱을 이용하게 만들어야 하는데, 매주 대통령에 대해 평가하는 것은 재미가 없을 수도 있다. 그러면 뭐가 좋을까?'라고 생각해서 만들게 된 것이 '퀴즈야 옥소해'였습니다.

그리고 이 프로젝트를 진행하면서 소통하는 방법을 많이 배웠습니다. 디자이너에게 '이런 그림이 상단에 이런 식으로 왔으면 좋겠다' 그 다음에는 엔지니어에게 '여기를 눌렀을 때 어떤 창으로 넘어가고 여기는 사진이 떴으면 좋겠다'는 식으로요. 여러 가지 질문 양식에 대해서 설계하고 소통하는 방법을 배웠고 '기획 과정에서 엔지니어에게 이런 부분을 먼저 확인해보는 것이 좋구나', '디자이너들은 내가 이 정도로 이야기하면 이렇게 멋있게 만드는구나'라는 사실을 깨달으면서, 협업하는 방법을 많이 배웠던 프로젝트라 기억이 남습니다.

또 하나 생각나는 건 '겨울잠 프로젝트'였습니다. 대선 후보들에 대한 유저들의 이야기를 듣고, 그걸 대선 후보에게 전달하는 콘텐츠인데, 유저한테도 자신의 목소리가 정치인에게 직접 닿아 기여를 했다는 효용감을 줄 수 있겠다는 기대를 했습니다. 다만 대선 후보들을 접촉하려면 최소 3, 4주 전에 미리 준비가 되어야 했는데 그 부분에 대한 준비가 부족해서 아쉬움이 있었습니다. 어떤 것을 기획할 때 후속 방향에 대해 생각을 해야 된다는 교훈을 얻을 수 있었기에 기억에 남습니다.

02
옥소폴리틱스의 프로젝트 방식:
애자일 프로젝트

1) 애자일

변화의 시대, 선두에서 앞서가던 사람은 변화가 필요할 때, 가장 멀리 돌아와야 하는 사람이 될 수도 있습니다. 반면 한 걸음씩 방향을 바꾸며 신중하게 나아가는 사람은 천천히, 여유롭게 가지만 오히려 가장 멀리 갈 수 있습니다. 변화에 적응하면서 나아간다면 세상이 우리에게 필요로 하는 루트를 더 빨리 찾을 수 있습니다.

그것이 '애자일'입니다. 변화에 민첩하게 적응하면서 방향을 바꿔나가는 것은 앞만 보고 달리는 방식에서는 불가능한 일입니다. 여기에서 '민첩'은 방향 전환의 민첩성으로, 달리는 속도는 아닙니다. 천천히 가면서 걸어온 길을 돌아보고 우리가 가려고 했던 방향을 바라보면서 수시로 변화를 만들어나가는 것이 애자일입니다. 아무 생각 없이 달리는 사람보다 느릴 수 있지만 오히려 더 좋은 곳에 먼저 다다를 수 있습니다. 어디에 가야 세상이 원하는 것을 만들 수 있는지는 아무도 모릅니다.

형지 님의 이야기: 애자일은 속도보다 유연성이 중요하다

애자일은 속도보다는 시야의 문제라고 생각합니다. 360도 모두 볼 수 있는 유연한 시야가 필요합니다. 그리고 애자일에서 중요한 태도는 모든 의견이 쉽게 무시될 수 있다는 것을 받아들이는 유연함이라고 생각합니다. 진행되고 있는 프로젝트도 언제든지 없어질 수 있기에 내가 한 말이나 내가 제안하는 것이 쉽게 무시되더라도 상처받지 않을 준비가 되어야 하고, 나 역시 다른 사람의 말을 무시할 수 있는 용기가 필요한 것 같습니다.

진실 님의 이야기: 애자일의 '오히려 좋아'

애자일의 경우, 뭔가 계획대로 진행되지 않을 때 '네 잘못으로 망했어'라고 탓하는 것이 아니라, 상황에 맞춰 변화하면서 최선의 루트를 찾

아가는 방법이 장점이라 생각합니다. 프로젝트를 진행하다가 기대와 다를 때, 폐기하는 게 아니라 남은 것으로 할 수 있는 것이 있는지 검토해보고, 방향을 바꿔서 진행했을 때 긍정적인 결과가 나올 수도 있다는 점이 핵심이죠.

2) 애자일 업무의 단위:
테마(Theme) > 에픽(Epic) > 스토리(Story) > 태스크(Task)

테마: 태블릿과 클라우드 서비스를 통한 레스토랑 주문 시스템

에픽: 고객으로서, 테이블의 태블릿을 통해 음식과 관련된 일을 처리할 수 있다

스토리: 고객으로서, 음식을 주문하기 위해, 메뉴를 볼 수 있다

태스크: 음식 사진이 배열된 메뉴 화면을 구현한다

애자일에서 일의 기본 단위는 '스토리(Story)'입니다. 스토리는 '어떤 사용자가, 어떤 목적을 위해, 어떤 행동을 할 수 있다'는 식으로 표현되는 일의 단위입니다.

예를 들어 레스토랑 주문 시스템을 만든다고 할 때, '메뉴를 만든다'라고 하지 않고, '고객으로서, 음식을 주문하기 위해, 메뉴를 볼 수 있다'는 스토리를 만듭니다. '메뉴를 만든다'는 문장은 그림과 음식의 설명, 가격으로 구성된 메뉴 데이터베이스를 만들고 적당한 페이지를 만드는 일로 종료됩니다. 하지만 스토리는 고객이 메뉴를 보기 위해 어떤 과정을 거치는지, 메뉴를 보면서 음식을 쉽게 주문할 수 있는지에 대한 내용이 같이 고려되어야 한다는 것을 표현하기에 더욱 적합합니다. 즉 일의 단위를 '기능'으로 정의하는 것이 아니라 '사용자 경험'으로 정의하는 것입니다.

이러한 단위의 스토리들이 모여 고객을 만족시키는 큰 스토리를 '에픽(Epic)'이라고 부릅니다. '고객으로서, 메뉴에서 고른 내용을 주문할 수 있다', '고객으로서, 주문한 금액을 편리하게 지불할 수 있다', '고객으로서, 주문한 음식이 언제 나올 것인지 알 수 있다' 등의 스토리들은 전체적으로 다음과 같은 에픽에 포함될 수 있습니다.

'고객으로서, 테이블의 태블릿을 통해 음식과 관련된 일을 처리할 수 있다'

레스토랑 주문 시스템은 고객과 주방, 그 사이에서 음식을 서빙하는 종업원을 모두 돕기 위해 만들어지는 것이므로, 다음과 같은 에픽들을 포함할 것입니다. '셰프로서, 주문이 들어온 음식을 순서대로 만들고 종업원에게 준비된 음식을 알릴 수 있다', '종업원으로서, 준비된 음식을 주문자의 좌석으로 전달하고 추가사항을 주방에 전달할 수 있다' 이 시스템이 발전하면 '레스토랑 주인으로서, 자주 찾는 고객에게 더 큰 만족을 줄 수 있다'와 같은 에픽을 추가하게 될지도 모릅니다.

이와 같은 에픽들이 모이면 '태블릿과 클라우드 서비스를 통한 레스토랑 시스템'이라는 '테마(Theme)'가 완성됩니다.

스토리를 더 작은 단위의 일로 나누면 '태스크(Task)', 더 쪼개면 '하위 태스크(Sub-task)'가 됩니다. 실제 애자일을 도입한 팀에서 매일 아침 미팅이 다루는 일의 단위는 태스크나 하위 태스크인 경우가 대부분입니다.

3) 애자일 방법론

애자일 방법론은 제조업에서 주로 활용되는 큰 호흡의 워터폴 방식과는 반대로 작은 사이클을 반복하여 최소 기능 제품(MVP: Minimum Viable Product)을 발전해 나가는 과정입니다. 애자일 방법론을 활용하면 고객이 최소 기능 제품을 일찍 받아보게 되고, 그 피드백을 통해 다음 제품을 더 훌륭한 모습으로 만들 수 있습니다. 그렇지만 주기가 매우 짧고 계속 진화하기 때문에 어디가 완성이고, 언제 완성되는 것인지에 대해 정확하게 정의하기 어려운 단점이 있습니다.

윈도우 7, 윈도우 8, 윈도우 10과 같이 몇 년에 한 번씩 업데이트되는 소프트웨어는 워터폴 방식으로 진행되어 정확히 단계별 시작과 끝을 알 수 있지만, 페이스북 같은 경우 계속 진화하기 때문에 어느 것이 완성된 버전인지 알 수 없습니다.

워터폴 방식에서는 마케팅이나 세일즈팀이 '몇 월 며칠까지 이번 버전이 완성될 것입니다'라는 말을 할 수 있지만 애자일 방식에서는 그런 약속을 하기가 매우 어렵습니다.

(1) 워터폴 vs. 애자일 프로젝트 진행 방식

데드라인

- 워터폴: 데드라인을 정하고 이에 따라 자원을 투입하거나 있는 자원을 최대한 활용합니다.
- 애자일: 계속 진화하므로 데드라인은 의미가 없습니다. 대신, 팀의 프로젝트 진행속도를 측정합니다.

외부 요청에 대한 반응

- 워터폴: 계획이 이미 끝났기 때문에 외부 요청은 다음 버전까지 반영할 수 없으며 변경하려면 큰 비용이 발생하므로 반영을 최소화합니다.
- 애자일: 프로덕트 사이클이 짧으므로 프로덕트 매니저가 엔지니어링 매니저와 협력하여 외부 요청을 빠르게 반영합니다.

프로덕트 매니저의 역할

- 워터폴: 프로덕트 매니저가 필요하지 않습니다. 기획자가 기획안을 만들어 넘기면 개발 팀에서 데드라인에 맞춰 구현합니다.
- 애자일: 프로젝트 진행속도를 측정하여 언제쯤 완성될 것인지를 예상합니다. 끊임없이 외부와 소통하여 요구를 반영하고 프로덕트 완성 시점, 우선순위를 업데이트합니다.

엔지니어링 매니저의 역할

- 워터폴: 데드라인에 맞춰 프로젝트를 끝내는 것을 목표로 합니다. 데드라인에 마치지 못할 것 같으면 외주를 주거나 팀원들에게 지속적인 동기부여(또는 위협)를 합니다.
- 애자일: 팀이 매 스프린트마다 일정한 속도로 산출물을 내도록 관리합니다. 버그 등을 관리하여 기능이 퇴화되지 않도록 합니다.

일의 단위

- 워터폴: 구현해야 할 기능을 기준으로 정합니다. '레스토랑 메뉴 선택 화면을 구현한다'
- 애자일: 사용자의 경험을 기준으로 스토리를 정합니다. '식당 손님으로서, 레스토랑에서 주문을 하기 위해, 메뉴에서 음식을 선택할 수 있다'

프로젝트 도구

- 워터폴: 데드라인에 맞춰 기능을 구현하고 인력을 투입할 관리 도구가 필요합니다.
- 애자일: 스프린트당 프로젝트의 속도를 측정하고 다음 스프린트에서 할 수 있는 일들을 예상할 수 있는 진행 도구가 필요합니다.

(2) 데드라인과 애자일 속도

워터폴 방식에서는 각 버전별 데드라인을 정해 놓고 마케팅팀이나 세일즈팀과 소통합니다. 프로덕트팀에서 '이번 행사에서 신제품을 완성해 론칭하겠습니다'라고 이야기하면 마케팅, 세일즈팀은 데드라인에 맞춰 마케팅 캠페인과 판매 계획을 수립합니다. 프로덕트팀의 경우, 데드라인을 못 맞추면 다른 팀들의 계획에 차질이 생기므로 많은 문제가 생깁니다. 결국 항상 데드라인에 쫓기며 '그때까지 못하면 큰일 난다'는 마음가짐으로 야근을 불사하며 열심히 일합니다. 그리고 이미 계획이 데드라인에 맞춰 꽉 짜여 있기 때문에 엄청나게 중요한 문제가 아니면 프로젝트의 계획을 변경할 만한 외부의 요청을 반영할 수 없습니다.

(3) 애자일 방식에서는 데드라인이 존재하지 않습니다

그렇지만 애자일 방식에서도 마케팅이나 세일즈팀은 언제 새 상품이 출시되어 홍보나 판매를 할 수 있을지 알 수 있어야 합니다. 그래서 프로덕트 매니저는 지속적으로 발전해 나가는 제품에 몇 단계의 랜드마크를 만들어 고객과 대화하기 쉽도록 합니다. '다음 달 말까지는 다음 버전이 나올 겁니다'가 아닌 '다음 달 말까지는 타임라인의 동영상 기능이 추가될 겁니다' 정도의 약속을 할 수 있습니다. 그리고 데드라인이 없기 때문에 유동적으로 외부의 요청을 반영할 수도 있습니다. 이 경우, 프로덕트 매니저는 마케팅, 세일즈팀과 지속적인 커뮤니케이션을 하며, 마케팅, 세일즈팀 역시 최대한 유연하게 계획을 세워야 합니다.

애자일은 데드라인을 정하고 일하지 않기 때문에 각 주기마다 얼마만큼 일이 진행되는지 알 수 있도록 애자일 속도를 확인해야 합니다. 즉 데드라인에 맞춰 산출물을 완성하기 위해 모든 자원을 투입하고 야근해서 완성하는 것이 아니라 '이 속도로 계속 진행하면 다음 달 말까지 완성할 수 있겠다'고 예측하는 것입니다. 애자일 스크럼에서의 개발 사이클을 '스프린트(Sprint)'라고 합니다. 장거리 달리기가 아닌 여러 번의 단거리 전력질주로 산출물을 완성해 나가는 것입니다. 일반적으로 한 번의 스프린트는 일주일, 혹은 이주일 정도의 기간을 잡습니다.

개발팀의 리더를 맡은 엔지니어링 매니저는 지속적으로 팀 역량을 키움으로써 각 스프린트를 통해 보다 많은 긍정적인 변화를 제품에 반영하고, 기존에 있던 기능이 퇴화하지 않도록 노력합니다. 이렇게 발전을 거듭하는 개발팀이 있는 조직과 발전하지 못하는 조직이 만들어내는 제품의 시장 경쟁력은 시간이 지나며 분명하게 드러나기 마련입니다.

워터폴 방식에서는 프로젝트 진행에 있어 데드라인이 가장 중요한 반면, 애자일 방식에서는 각 스프린트별 프로젝트 진행속도, 즉 애자일 속도가 가장 중요합니다.

(4) 워터폴의 '관리' 도구 vs. 애자일의 '진행' 도구

애자일 프로젝트의 진행 상황을 모니터하고 팀이 효율적으로 일할 수 있도록 많은 애자일 방법론이 개발되어 왔습니다. 직원들이 자주 이직하는 실리콘밸리 스타트업 기업들의 특성상, 개발 방법론이나 사용되는 도구들은 대개 몇 가지로 정해지기 마련입니다. 회사를 옮기더라도 대부분 개발 방법론이나 사용하는 기술, 그리고 조직 내 세분화된 역할이 정해져 있어 거의 이주일에서 사주일 안에 정상적인 속도로 프로젝트에 참여할 수 있습니다.

워터폴 방식은 관리자가 주어진 일을 개별 팀원에게 나눠, 주어진 시간과 비용 안에 해결하기 위한 '관리 도구'가 필요합니다. 반면 애자일 방식의 도구들은 팀 전체가 일정한 속도로 산출물을 생산하여 고객에게 효율적으로 가치를 전달하는데 필요한 '진행 도구'의 관점에서 개발되어 왔습니다.

스마트 워치가 오늘의 운동량을 보여주는 것만으로 우리는 점심 식사를 한 다음 '조금 걸어볼까?' 라는 생각을 하게 됩니다. 퍼포먼스를 개선하는 것은 상황을 숫자로 표현하는 것에서 출발합니다. 애자일 도구에서 표현하는 퍼포먼스 메트릭 (Performance Metric)은 개개인의 퍼포먼스보다는 전체 팀이 고객에게 전달될 가치를 전달하는 속도를 표현하는 데 초점이 맞춰져 있습니다. 어떤 팀원의 '소극적 참여'에 의해 팀 전체의 퍼포먼스가 영향을 받는 일은 매니저의 지시보다 팀원들의 압박(Peer Pressure)이 긍정적인 결과를 가져오는 경우가 많습니다.

(5) 스크럼(Scrum)

애자일 방법론 중 가장 흔하게 쓰이는 방법으로 '스크럼(Scrum)'이 있습니다. 스크럼을 짜서 움직이는 운동선수들처럼 여럿이 같이 움직이는 팀워크는 힘차고 역동적입니다. 그러나 애자일 스크럼팀의 일상을 들여다보면 '스크럼이 역동적이다'라고 말하기에는 조금 민망합니다. 스크럼의 팀원들은 자신에게 할당된 태스크를 혼자서 묵묵히 해나갑니다. 애자일 보드에서 티켓을 골라 자신에게 할당하거나 이미 자신에게 할당된 티켓을 골라 'In Progress'로 옮기고 업무를 진행합니다. 자신의 일을 마치면 'Review'로 옮겨 놓고, 리뷰가 끝나면 'Done'으로 옮깁니다. 이주일에 한 번 정도 스프린트(Sprint)를 반복하며 스프린트 단위의 미팅, 그리고 매일 한 번씩 있는 스탠드업(Stand-up) 미팅을 참여하는 일 이외에는 홀로 일을 하게 됩니다. 기본적으로 다른 팀원의 진행 상황과 상관없이 일이 진행되므로 다른 사람과 같은 시간에 일할 필요가 없습니다. 그래서 출퇴근 시간도 자유롭고, 집에서 일해도 되며, 휴가도 마음대로 갈 수 있는 시스템이 가능합니다.

이렇게 차분한 개발 조직이지만, 애자일 정신에 따라 팀이 함께 움직여 고객에게 가치를 전달하는 최소 단위인 스토리를 만들어 낸다는 의미를 담기 위해 스크럼이라는 표현을 사용합니다. 마치 야구 경기에서 투수가 아무리 잘 던져도 타자가 점수를 내지 못한다면 아무 소용이 없는 것과 같이, 엔지니어와 매니저, UX 디자이너 등 모든 팀원이 각자의 역할을 잘 수행하여 고객이 사용할 수 있는 완결된 스토리를 만들어내지 못한다면 스프린트는 아무 성과가 없습니다.

애자일팀이 한 스프린트를 마치면, 보통 몇 개 이상의 스토리를 전달하기 마련입니다. 스프린트가 지나가는 동안 하나의 스토리도 전달하지 못하는 일이 반복된다면, 스토리의 크기에 비해 팀이 너무 작거나, 너무 짧은 스프린트를 선택했기 때문일 수 있습니다. 팀의 크기를 갑자기 키우기 어렵기 때문에 스프린트의 길이를 크게 설정하거나 더 작은 스토리로 쪼개는 방법이 필요합니다. 따라서 팀의 입장에서 스토리의 크기가 과연 어느 정도인지 이해하는 일은 스프린트 계획 미팅에서 결정해야 하는 중요한 일 중 하나입니다.

(6) 스프린트 계획(Sprint Planning) 미팅

보통 일주일, 혹은 이주일에 한 번 1시간 정도를 할애하여 '스프린트 계획(Sprint Planning)' 미팅을 합니다. 스프린트 계획 미팅에서는 다음 스프린트 동안 어떤 스토리들을 처리할 것인지 계획합니다. 스토리보다 큰 그림인 에픽을 완성해 나가는 목표를 생각하면서 스토리의 우선순위를 정하는 것이 가장 이상적입니다.

하지만 기존 프로젝트의 버그 해결이나 유지보수 등 에픽에 해당하지 않지만 꼭 필요한 일도 있으므로 언제나 우선순위는 유동적입니다. 스프린트 계획 미팅에서는 지금까지 팀의 속도를 고려하여 스토리만 추가해 놓고 스프린트 진행 중에 자신이 원하는 스토리를 선택하며 수행하기도 합니다.

(7) 스탠드업(Stand-up) 미팅

'스탠드업(Stand-up)' 미팅은 사람들이 각자 선택한 태스크의 상황을 팀에게 공유하고, 진행이 더디게 된 경우 팀 전체로부터 어떠한 도움이 필요한지 설명하는 자리입니다. 이때 프로젝트 매니저(Project Manager) 혹은 팀원 중 한 명이 돌아가면서 스크럼 마스터(Scrum Master)라고 하는 진행자 역할을 맡습니다.

매니저는 '어제 하기로 한 업무를 못마쳤으니 오늘 저녁은 야근해'라고 압력을 넣는 역할을 하는 것이 아닙니다. 제품을 사용하는 고객의 문제를 최우선으로 해결하느라 개발 태스크를 소화하지 못하는 일도 흔히 있기 때문에, 어느 정도 예측에 어긋나는 일은 이미 팀의 애자일 속도에 포함되어 있어야 합니다. 다만 다른 누군가(보통 DBA와 같은 제한된 리소스)의 도움이 필요하거나 하는 일은 프로젝트 매니지먼트(Project Management)팀을 통해 신속히 해결할 수 있어야 합니다.

애자일의 핵심은 일을 아주 현명하게 쪼개는 것이라고 생각합니다. 좀 더 자세히 말하면 모든 태스크를 일주일 단위의 업무로 쪼갤 수 있는 능력이라고 설명할 수 있겠네요.

예를 들어 두 달 정도의 기간이 걸리는 일이라고 하면, 그 일을 8등분으로 세분화하는 겁니다. 8등분을 하려면 무엇부터 시작해야 하는지, 일의 우선순위를 어떻게 수립할 것인지 단계를 설정하기 위한 경험치가 필요합니다. 업무의 전체적인 개요나, 계획 방법도 알고 있어야 합니다. 주 단위로 태스크들을 나눈 다음, 매일 싱크 미팅을 하면서 진행 상황을 체크하고, 마지막에는 회고를 하면서 업무 과정 가운데 있었던 문제들을 복기합니다. 이번에는 놓쳤지만 다음에는 해결해야 되는 것들을 회고하는 것이 중요합니다.

딱 일주일 단위인데 어느 정도 시간이 걸릴지 머릿속으로 계산이 되어야 하는 부분이 어렵습니다. 주로 해봤던 업무를 하는 게 아니라, 새로운 것들을 만들어내기 때문에 예측이 어렵기도 합니다. 그래서 프로젝트를 두 달 단위가 아니라 시작부터 일주일 단위로 구성하는 경우가 많았습니다. 그래도 추가 사항이 계속 나오지만 '이 버전은 1.0이고, 그 요구 사항은 1.1로 넘기자' 하고 정말 일주일 안에 할 수 있는 최소 단위로 1.0 버전을 시작합니다.

하지만 진행 상황에 따라서 다른 아이디어가 더 중요한 경우도 생깁니다. 그래서 더 중요한 아이디어가 최우선순위가 되면, 기존에 계획된 1.1 버전이 연기되는 경우도 있습니다. 그러다 순서가 밀리는 아이디어들은 자연적으로 도태됩니다. 처음에는 우선시되다가, 더 중요한 것이 치고 올라오면 밀리는 겁니다. 이러한 과정은 우선순위를 조율해주는 효과가 있습니다. '이건 너무 중요해. 이건 정말 비즈니스 모델이고 핵심 사업이야'라고 평가받는 아이디어는 계속 진행되고, '이게 있었으면 좋겠다', '저게 있으면 유저들이 선호할 것 같다'는 것들은 테스트처럼 론칭됩니다.

이후 '론칭했는데 반응이 너무 좋네? 적절하게 지원하면 유저들이 더 늘어나겠는데?'라고 생각되면 해당 태스크의 우선순위가 올라갑니다. 그게 원래 애자일의 목적입니다. 먼저 작게 출시한 다음에 사람들의 반응을 보면서 대응하는 겁니다. 반대로, 만들고 보니 효과가 없다면 바로 정리됩니다. 한 달이나 소모하고 없애는 것보다, 일주일 단위 태스크로 없애는 것이 마음이 덜 아플 겁니다.

초창기에는 정말 많은 테스트를 했기에, 많은 비효율이 발생했습니다. 유저가 오늘 보는 것과 내일 볼 것이 항상 달랐고, 유저들이 혼란스러울 것 같아서 걱정을 많이 했습니다. 하지만 한 조각씩 작업했던 것들을 완전히 폐기하지 않고 쓸모 있게 재활용하다 보니, 지금의 결과물이 나오지 않았나 하는 생각이 듭니다.

03
실수를 돌아보기,
포스트 모템(Postmortem)

우리는 모두 크고 작은 실수를 경험합니다. 기업의 활동은 사람들의 크고 작은 결정들로 이루어지다 보니 작은 실수로 인해 큰 손실이 발생하는 일을 막을 수 없습니다. 만약 증권사에서 1,000달러짜리 1주를 팔아야 하는데 실수로 1달러에 1,000주를 팔았다면 100만 달러나 되는 손실을 입게 됩니다. 어떤 기업에서 한 엔지니어의 단순한 실수로 데이터베이스가 복구 불가능한 상황에 빠져 클라우드 서비스가 24시간 가까이 정지된 일이 있었는데, 추정된 손실은 6억 원 정도였다고 합니다. 아마도 회사의 신뢰도 손상으로 인한 기업 가치의 하락은 그것보다 더 컸을 겁니다.

한 사람의 의도하지 않은 작은 실수가 큰 손실을 초래하기도 하지만, 여러 사람이 의논을 통해 결정한 내용이 시간이 지남에 따라 나쁜 결과로 나타나는 경우도 있습니다. 이럴 때 '실수는 병가지상사니 다음에 잘하자'라고 다짐하는 것으로 충분할까요? 또는 책임자를 문책하는 것이 효과적인 재발 방지법일까요?

1) 포스트 모템(Postmortem)

실리콘밸리의 기업들은 포스트 모템을 통해 왜 문제가 일어났는지 분석하고 대책을 수립합니다. 포스트 모템(Postmortem)에서 'post'는 '후', 'Mortem'은 '죽음'을 의미합니다. 우리말로 번역하면 '부검' 또는 '검시' 정도의 의미라 할 수 있습니다. 즉, 사망에 이르게 한 직·간접적인 원인을 사후에 총체적으로 알아내기 위한 방법입니다. 회사에서 일어나는 사고를 분석하고 예방하기 위한 방법론을 논할 때 왜 이런 단어를 쓰는지 잘 모르겠지만, 비교적 캐주얼한 분위기의 실리콘밸리 기업에서 엄중한 분위기의 미팅을 지칭하기에 알맞은 이름이라는 생각이 듭니다.

다음은 포스트 모템의 6가지 포인트입니다.

I. 포스트 모템은 가능한 모든 구성원이 참가하는 것이 바람직합니다. 관리자들만 모이거나 팀의 일부만 모일 경우 핵심적인 정보나 통찰(Insight)을 놓칠 수 있기 때문입니

다. 이를 위해 중요도가 높은 공식 미팅으로 일정을 잡되, 가급적 사고 수습이 이루어진 직후에 하는 것이 좋습니다.

II. 시간 분석(Timeline). 사고가 일어난 경위와 그 대응 과정을 상세하게 기술합니다. 언제 누가 어떤 정보를 접하고 어떤 결정을 내렸는지, 각 결정을 내리게 된 배경에 어떤 이유가 있었는지를 기술하다 보면, 시간을 거슬러 올라가 근원적 문제점(Root Cause)을 찾아내거나 복합적인 원인 분석에 한 발 더 가까이 다가갈 수 있습니다.

III. 잘된 일과 잘못된 일을 모두 인식합니다. 잘된 일은 모범 사례(Best Practice)로서, 잘못된 일은 보완해야 할 시스템의 약점을 찾아내는 데 꼭 필요합니다.

IV. 포스트 모템은 책임자를 문책하는 미팅이 아닙니다. 실수한 사람 또는 문제의 책임자에게 비난의 화살이 돌아간다면, 그 조직은 점점 책임을 회피하기 위해 정보를 각 팀(혹은 각 개인)의 입장에서만 해석하게 됩니다. 이렇게 되면 본질적인 원인 분석과 다음 사고 예방, 팀 차원의 시스템 개선 등 포스트 모템의 목적을 달성하기 어렵습니다.

V. 개선책을 도출합니다. 단순히 피상적인 개선책만 세운다면 다음 사고를 앉아서 기다리는 것과 같습니다. 근원적 문제점을 찾기 위해 '5 Why'라고 하는 비교적 간단한 기법을 쓰기도 하는데, 이는 계속해서 다시 묻는 것이 핵심입니다. '그렇다면 그것은 왜 일어났는가?'라는 질문으로 껍질을 다섯 번 정도 벗기고 나면 대체로 문제의 본질을 알아볼 수 있고 이렇게 찾아낸 원인에 대해 개선책을 내는 것입니다.

VI. 모든 과정과 내용을 공개합니다. 가능하다면 회사 전체와 공유하는 것이 좋습니다. 여러 사람이 어떤 위험에 노출되어 있는지, 이를 예방하기 위해 어떤 노력을 하고 있는지 알수록 업무 프로세스나 시스템을 개선하는 데 정보 공유나 협조를 구하기 쉽습니다. 조직 전체가 실수를 간접 경험하고 고민하는 그 자체만으로도 가치가 있습니다.

실리콘밸리에서 실수를 빨리 인정하고 다 같이 공유할 수 있는 문화가 마련된 바탕에는, 이러한 경험을 통한 통찰이 깔려 있습니다. 반복되는 사고나 실수가 일어나는 환경을 자세히 관찰하면, 마치 사고가 쉽게 일어날 수 있도록 시스템이 디자인된 것처럼 보입니다. 누군가 사고를 냈더라도 어쩌다 그 자리에서 일을 하고 있었던 것뿐, 그 사람의 책임은 아닙니다.

하지만 사고가 반복되어 일어나는 지점에서 시스템을 개선하지 않았다면, 책임은 분명히 해당 영역의 관리자에게 있습니다. 훌륭한 관리자일수록 책임을 빨리 자신의 것으로 인정하고(Own It), 모든 사람으로부터 정보와 아이디어를 모아 비슷한 사고가 반복되지 않도록 시스템과 프로세스를 개선하는데 열중합니다.

여러 사람이 함께 일하는 곳이라면 나쁜 일이 일어났을 때 누구나 책임을 회피하고 싶은 유혹을 느낍니다. 이때 책임을 회피하는 행동은 전체 조직에 이롭지 않습니다. 마치 몸 어느 한 부분에 병에 걸렸는데 통증을 느끼지 못한다면 제때 치료를 받지 못해 생명까지 위태로울 수 있는 것처럼, 조직의 문제는 빨리 공유하고 빨리 개선하는 것이 최선입니다. 이를 위해 실리콘밸리의 기업들은 큰 문제가 발생했을 때 다 함께 회의실에 모여 화이트보드에 시간 분석을 쓰는 것으로 업무를 시작합니다.

포스트 모템을 작성하고 배포하는 과정에서 중요한 것은 포스트 모템에 관련자를 색출하여 처벌하거나 비난하려는 의도가 없다는 것입니다. 실수에 대해 비난하는 문화에서는 실수를 하지 않으려고도 하지만, 실수를 하면 숨기려 할 수밖에 없습니다. 실수의 원인을 정확히 조사하고 해결책을 공론화하지 않으면, 심리적으로 위축되는 환경에서 같은 실수가 반복될 수밖에 없습니다. 그래서 실리콘밸리 기업들은 'Blameless Postmortem' 서로 비난하지 않고 혼내지 않는 사유서 작성을 강조합니다.

2) 옥소폴리틱스의 포스트 모템 사례

옥소폴리틱스에서 발생한 문제 중 '코인 채굴 사건'을 예시로 포스트 모템을 적용하면 다음과 같습니다.

<코인 채굴 사건>

개요

코인 채굴을 위해 소그룹 방을 만들어 글을 도배하고 OX를 눌러 코인을 받은 사건

한국 시간 2022. 2. 15. 2:00 pm쯤 발생

한국 시간 2022. 2. 15. 2:20 pm쯤 대책 회의

(회의 참석자: @Chanhyun Ryu @고대우 @Hannah Woo @Jinsil Kim

@Hyungji Noh @Yoonha Jung @Taewoon Ahn)

한국시간 2022. 2. 15. 2:40 pm쯤 @유호현: 스크립트를 통해 채굴방과 관련 글을 삭제

개요 파트에서는 우선 어떤 문제가 발생했는지 파악하고 문제의 발생 시간과 대응, 그리고 회의에 참여한 팀원들의 명단도 기록합니다.

증상

- 커뮤니티 글 로딩이 안 됨

- 버퍼 3배수 중 대부분이 커뮤니티 글이라 Cloud Function에서 Filter-out됨

- 팔로우하지 않았는데 소그룹 글이 커뮤니티 타임라인에 노출되었다고 함

  (미확인. 커뮤니티 타임라인에 쓰고 착각했을 가능성이 있어 보임)

- 소그룹 '옥소코인 채굴방'에 매우 많은 수의 글이 작성됨

개요를 작성한 후에는 어떤 증상이 있었는지 구체적으로 기술합니다.

5 whys

- 왜 사람들이 도배했나?

  ⇒ 커뮤니티 글로 코인을 받을 수 있어서

- 왜 커뮤니티 글로 코인을 받을 수 있도록 했나?

  ⇒ 참여를 늘리려는 입장에서 도입. OX 코인 지급에 예외 규칙을 만들지 않았음

- 왜 예외 규칙을 만들지 않았나?

  ⇒ Abuse가 한 번 발생했지만 지난번 대처 이후 완전한 예방책을 만들지 않았음

- 왜 완전한 예방책을 만들지 않았나?

  ⇒ 포스트 모템이 없었고 안일하게 대처함

- 왜 포스트 모템이 없었나?

  ⇒ 규칙화되지 않음

5 whys에서는 연쇄적인 질문을 통해 문제 발생의 근본적인 원인을 이해합니다. 이를 통해 문제 발생의 메커니즘을 이해할 수 있고, 기존에 간과한 시스템 결함을 발견할 수 있습니다.

확인된 문제

백엔드화를 진행했으나 앱에서 적용되지 않았음 ⇒ 빠른 대처가 어려움

- 채팅 도배 방지: 시급했던 이슈 ⇒ eng 회의에서 이야기할 필요가 있음

- 코인 지급 백엔드화 ⇒ 현재 해당 로직을 바꾸는 것은 어려움: 티켓 만들기 등

  커뮤니케이션이 없었음

- Github 메시지

- Engineering방 ⇒ 정보 공유

- 9시 회의에 참여한다 + Jira ⇒ 우선순위가 높을 경우 반드시

  ⇒**@Yoonha Jung All Hands에 정리(엔지니어링에 요청 방법)**

- Cloud Function 'getCommunityTimeline'은 소그룹 글이 많아지면 로딩이 안 되는

  상황이 생김 ⇒ @유호현 고치자

- 포스트 모템을 통한 철저한 재발 방지 대책 시스템이 필요

  ⇒ @Yoonha Jung @고대우 Theme leader trigger ⇒ assign된 사람이

  ⇒ 커뮤니티에 악영향 기준?

- 커뮤니티 글로 코인을 받을 수 있게 하면 Abuse 문제가 생김

  ⇒ 커뮤니티 글로는 코인을 받을 수 없게 함

  ⇒ featuredOnNewsTimeline == true일 때만 코인 지급 @고대우

- 이메일 신규가입을 통해 abuse 발생 ⇒ @고대우

일을 하다 보면 누구나 실수할 수 있고 문제가 생길 수 있습니다. 포스트 모템은 혼내고 혼나는 시간이 아니라 앞으로 어떻게 사고를 방지할지 대책을 이야기하는 시스템이라 좋습니다. 옥소에서는 문제가 발생했을 때 '어떻게 하면 더 잘했을까? 어떻게 하면 이런 일이 발생하지 않을까?'로 접근합니다.

내가 실수를 했을 때 혼날 것 같고, 피하고 싶고 그러잖아요. 처음에는 부끄러움과 미안함이 있는 상황에서 터놓고 이야기한다는 게 낯설었는데 지금은 훨씬 효율적인 대처라 생각합니다. 포스트 모템은 한 사람의 실수를 미래를 위한 정비 기회로 삼는 거니까요. 대신 다른 사람이 똑같은 실수를 하지 않을 수 있게 시스템을 만들어야 하니 솔직하게 말하는 게 가장 중요합니다.

04
프로덕트 오너(Product Owner)와
프로젝트 매니저(Project Manager)

프로덕트 오너(Product Owner)는 전문 프로덕트 매니저(Product Manager)가 역할을 담당하게 됩니다. 엔지니어링 전문가가 엔지니어를 담당하는 것과 같습니다. 그러나 프로젝트 매니저(Project Manager)는 리더십을 가진 팀원이라면 누구나 할 수 있습니다. 프로젝트 매니저는 해당 프로젝트의 일정과 리소스를 관리하게 됩니다.

여기서 리더십이란 프로젝트 진행과 조율을 원활히 하며 프로젝트 완성까지 이끌어 나가는 역량을 의미합니다. 프로젝트를 완성시키기 위해 미션과의 연속성을 고려하며, 프로젝트의 전체적인 그림과 진행 순서를 이해해야 합니다. 또한 프로덕트 오너의 로드맵을 이해하고 프로젝트에 필요한 것들을 파악하며 소통할 수 있어야 합니다. 프로젝트에 적합한 팀원을 섭외하고 충원하는 능력도 필요합니다.

프로덕트 오너 팀 구성은 다음과 같습니다.

- PO(Product Owner)
- PM(Project Manager)
- Builders(Engineer, Designer, Contents manager)

1) 프로덕트 오너와 프로젝트 매니저의 역할

프로덕트 오너의 역할은 다음과 같습니다.

- 프로덕트 회의(Product Committee)에서 프로젝트를 공유하고, 우선순위를 협상
- 프로젝트 목표(Goal) 설정
- 프로덕트 스토리(Story) 구성
- 프로젝트 매니저 섭외

프로덕트 오너 싱크(PO Sync) 미팅에서 아이디어를 제안하고, 우선순위를 협상합니다. 시기상 훨씬 뒤에 제안된 프로젝트라도 옥소의 미션에 더 중요한 영향을 준다면 먼저 진행되던 프로젝트보다 우선될 수 있습니다. 이후 프로젝트 목표를 설정합니다. 이 프로젝트가 미션에 왜 필요한지, 미션에 어떻게 기여할 수 있는지를 설

명할 수 있어야 합니다. 그리고 최종적으로 어떤 효용을 창출할 수 있는지 제시합니다. 목표 설정 이후에는, 명확한 목적을 가지고 팀원들과 토론하며 어떤 프로덕트를 만들지를 구상하고 프로덕트 스토리를 만듭니다. '이 프로젝트를 통해 나오는 프로덕트의 기능은 무엇인가?', '최종 사용자는 누구이며 어떤 방식으로 이것을 소비하는가?' 등을 이야기 형식으로 정합니다. 목표와 스토리의 개요가 완성되면 프로젝트 매니저를 섭외합니다. 프로젝트 매니저는 누구나 될 수 있지만, 일정 조율과 리소스 운영이 가능한 팀원이 우선적으로 고려됩니다.

프로젝트 매니저의 역할은 다음과 같습니다.

- 프로젝트 팀 구성
- 프로젝트 마일스톤 구성
- 매일 15분 싱크(Sync) 미팅 만들기
- 진행 상황 관리(진행 속도 체크)

프로젝트 팀은 전체 회의를 통해 모집할 수 있으며 프로젝트에 관심 있는 팀원은 누구나 지원하고 참여할 수 있습니다. 팀원이 구성되면, 팀 회의를 통해 마일스톤을 정합니다. 시기별 진행 정도를 정하고, 기한을 정하기 위함입니다. 기한을 유동적으로 조정하며 일정과 진행 속도를 팀원들과 공유합니다.

프로젝트 매니저가 반드시 실무를 할 필요는 없습니다. 프로젝트를 제안한 매니저가 엔지니어나 디자인과 같은 기술적 전문성이 없는 경우, 실무에 참여하지 않고 프로젝트 진행 사항을 총괄적으로 점검하고 조율하는 역할을 담당합니다. 프로젝트를 진행하면서 무엇이 필요한지, 어떤 문제가 있는지를 조사하고 진행 정도를 공유합니다. 프로젝트 진행 상황을 모두가 볼 수 있게 미팅 노트에 남겨야 하며, 모든 프로젝트는 매일 15분 싱크(Sync) 미팅을 원칙으로 합니다.

마일스톤은 전체 여정을 보여주는 이정표이며 언제까지 기획을 마치고, 디자인을 한 후, 기능을 만들고, 론칭하며, 테스트하는지 보여주는 표입니다. 마일스톤은 데드라인이 아닙니다. 타이트하게 잡아서 사람들을 무리하게 일을 하도록 하는 도구도 아닙니다. 프로젝트 외부의 사람들에게 이 프로젝트가 언제쯤 끝날 것인지를 약속하는 것입니다. 그래서 이 기능이 완성되면 마케팅이 어떻게 들어갈지, 콘텐츠팀이 어떻게 활용할지 등을 계획할 수 있도록 합니다. 다른 팀들이 이 프로젝트 일정에 의지하고 있는 만큼 여유롭게 약속을 하고 약속은 꼭 지킬 수 있도록 합니다.

2) 프로덕트 오너와 프로젝트 매니저가 해야 할 일들(Action Items)

(1) 프로덕트 오너가 되면 해야 할 일들

옥소폴리틱스 앱에 OX 버튼을 추가하는 안건(Agenda)을 예시로 설명해보겠습니다. 전체 회의에서 콘텐츠팀의 구성원이 아이디어를 제안했습니다. 모든 사람의 모든 생각을 표현할 때 기존의 댓글 기능에 더해 OX 버튼을 추가하자는 의견입니다. 기존의 댓글을 통해서도 입장과 생각을 표현할 수 있지만, 버튼을 사용하면 사람들의 찬반 입장을 더 직관적으로 시각화할 수 있기 때문입니다.

아이디어가 프로젝트로 채택되면 프로덕트 회의(Product Committee)에서 함께 우선순위를 정합니다. 다양한 프로젝트가 동시에 진행되기 때문에 프로젝트들의 중요도를 비교합니다.

예를 들어, 프로덕트 오너는 '버튼을 추가해서 생각을 더 쉽게 표현하자'라는 목표를 작성합니다. 버튼을 추가하면, 모든 사람의 모든 생각을 데이터로 가공하기에 용이할 것입니다. 그리고 매일 15분의 싱크 미팅을 진행합니다. 스토리를 설계하면서, 함께 정해야 할 오픈 질문(Open Questions)을 만듭니다. 오픈 질문은 팀원들과 함께 토론합니다.

오픈 질문에서는 본질적인 질문들을 기반으로 의사결정을 해야 합니다.

- 버튼이 미션을 달성하는 데 반드시 필요할까?
- 버튼을 추가할 때 세모, 즉 중립의 입장도 포괄할 수 있는 버튼을 만들어야 할까?
- 버튼의 컬러는 무엇으로 정할까?
- 버튼을 선택한 부족들이 보이게 하는 게 좋을까?

이와 같이 기준과 방식을 함께 정하면서 스토리를 구성합니다. 최종 사용자가 이것을 사용하면서 어떤 효과를 얻을 수 있는지, 어떤 데이터를 확보할 수 있는지를 구성하는 것입니다.

(2) 프로젝트 매니저가 되면 해야 할 일들

프로젝트 우선순위가 정해지면 전체 회의에서 팀원을 모집합니다. OX 버튼 기능은 다양한 기술이 필요합니다. 웹과 앱, 백엔드 개발자 모두 필요하며 버튼의 형태와 컬러를 정할 디자이너도 필요합니다. 팀원들이 각자 참여하고 있는 프로젝트들이 있기 때문에 우선순위에 대한 논의도 필요합니다. 여건이 되고 관심 있는 팀원들이 참여할 예정입니다.

이번 프로젝트는 아이디어를 제안한 콘텐츠팀의 구성원이 프로젝트 매니저를 담당할 예정입니다. 기술적으로는 참여할 수 없기 때문에, 프로젝트 전체 과정에 대한 점검과 조율을 맡기로 했습니다. 프로젝트 실무팀들의 의견을 취합하고 진행 과정을 점검하여 리더십 회의에 공유할 것이기에, 팀원들은 필요한 리소스가 있다면 프로젝트 매니저에게 이야기하면 됩니다.

팀을 정하고 스토리의 가이드라인이 나오면 팀원들과 함께 프로젝트 일정을 만듭니다. 오픈 질문을 만드는 것부터 론칭까지 과정별 단계와 예상 기간을 정합니다. 이때 예상 기간은 상황에 따라 유동적으로 조정이 가능합니다. 더 중요한 프로젝트가 우선될 수도 있고, 예상하지 못한 변수가 발생할 수도 있기 때문입니다. 다만, 변동 사항이 있다면 전체 회의에서 빠르게 공유해야 합니다.

매일 택티컬 회의를 통해 진행 상황을 점검합니다. 프로젝트 매니저는 리더십 회의에서 프로젝트 진행 상황을 나누고 필요한 요소나 일정의 변동을 이야기합니다. 그리고 매주 All-hands 회의에서 전체 진행 상황을 나눕니다.

찬현 님의 이야기: 옥소폴리틱스의 프로덕트 오너

회사마다 역할 정의에 차이가 있긴 하지만, 옥소폴리틱스의 프로덕트 오너는 말 그대로 프로덕트 자체를 끌고 가는, 전체적인 큰 결정을 내리는 사람이고 프로젝트 매니저는 프로젝트 회의를 잡고 진행해 나가는 사람이라 생각합니다. 프로젝트를 실질적으로 끌고 나가는 사람은 프로젝트 매니저이고 프로덕트 오너는 모든 상황들을 들으면서 전체적인 큰 그림을 만듭니다.

프로젝트를 진행하면 추가하고 싶은 아이디어들이 계속 나오고 프로젝트 규모가 쉽게 커지게 됩니다. 초기에 설정한 목적과 별개로 여러 가지 아이디어가 추가되면서 규모가 비효율을 야기할 만큼 커지는 경우가 있는데, 거기에 제동을 거는 것이 프로덕트 오너의 역할 중 하나입니다. '지금은 이 정도에서 끝나야 되는 프로젝트다'라는 식입니다.

프로덕트 오너는 한 프로젝트뿐만 아니라 전체 진행을 보면서, 전체 프로젝트 가운데 해당 프로젝트는 어느 정도의 역할을 하고 무엇을 해야 하는지 기준을 만드는 사람입니다. 그래서 큰 그림을 보는, 전체를 보는 시야가 필요합니다. 프로덕트를 보면 디자인, 엔지니어링, 콘텐츠 등 필요한 여러 가지 요소가 있습니다. 이렇게 전반적인 요소를 계속 파악하고 고려해야 합니다. 사용자들로부터 어떤 피드백들이 있었는지 모두 파악하고, 전체적인 그림을 이해하면서 '앞으로 우리 프로덕트는 이런 방향으로 가야 한다'는 결정도 합니다. 그걸 바탕으로 각 팀과 계속 소통하는 역할을 하는 겁니다.

프로덕트 오너는 전체적인 그림을 이야기하지만, 프로젝트 매니저의 역할에 전부 개입할 수는 없습니다. '회의를 이렇게 잡고 이 정도 주기로 하겠다', '프로젝트를 언제까지 어떻게 만들겠다'와 같은 부분은 프로젝트 매니저의 결정 권한입니다. 프로젝트에 참여한 인원들의 현재 리소스나 역량을 보면서 지속적으로 조율하는 것 역시 프로젝트 매니저의 역할입니다.

업무의 우선순위라든지, 프로젝트의 종결 여부 등을 확인하는 프로덕트 회의가 있습니다. 제 역할은 프로젝트 기간을 확인하고 반영하는 일입니다. 프로젝트 매니저가 '원래 이번 주까지였는데 다음 주까지 해야 될 것 같아요'라고 피드백을 주면 아무 말 없이 기간을 일주일 연기하고 '이 프로젝트는 이번 주까지 끝날 수 있을 것 같아요'라고 피드백이 오면 시간을 당기기도 합니다.

월간사용자 수(Monthly Active Users)에 대해 고민하는 부분은 첫 번째 '아하모먼트(Aha Moment)'입니다. 아하모먼트는 '토스'의 이승건 대표가 만든 영상에 나오는 내용인데, 사용자들이 액티브 유저로 전환되는 포인트를 의미합니다. 어떤 SNS를 예로 들면, '처음 가입하고 7명 이상의 친구를 만들게 하면 그 사람은 액티브 유저가 된다' 혹은 '가입 시 20명의 친구를 만들게 하면 액티브 유저가 된다'라는 식으로 기준점을 잡는 것입니다. 옥소는 아직 그 포인트를 제대로 잡지 못한 상태라 함께 고민하고 있습니다.

프로덕트의 경우, 코인을 고민하고 있습니다. 옥소 안에서 어떻게 코인 이코노미를 순환하게 할 것인지에 대한 고민입니다. 결국 모든 사람의 모든 생각을 토큰화해서 스스로 가치가 되도록 계획하고 있는데 요소들을 어떻게 구현하고 만들면 좋을지 생각하고 있습니다. OX 응답 하나를 할 때마다 코인을 받는 것을 시작으로 해서 뭔가를 구매하거나 어떤 정치인의 가치 자체에 투자를 하는 방향입니다.

Chapter 6.

피플
매니저

실리콘밸리 피플 매니저: 최고의 전문가들이 자신의 일에 집중하고 기여하면, 그 기여를

모아 하나의 프로덕트로 만들도록 돕는 사람

옥소폴리틱스 피플 매니저: 최고의 전문가들이 자신의 일에 집중하면서 각자 기여하도록

돕는 사람

01
조력자:
일에 집중하도록 도와주는 사람

"어떻게 도와드릴까요?"

실무자는 개인적으로 일을 통해 회사에 기여하는 사람들입니다. 매니저는 그런 실무자들을 도와 전문적 기여들이 모여 멋진 큰 그림을 그리도록 돕는 역할입니다. 그래서 매니저는 언제나 실무자에게 어떤 도움이 필요한지 묻습니다.

혼자 일에 집중하는 실무자들은 너무나 바빠 넓은 시야를 갖기 어렵습니다. 회사 전체가 어떻게 돌아가는지, 함께 일하는 사람은 왜 내게 갑질을 하려고 하는지, 내가 어떻게 하면 윗사람 마음에 들 수 있을지 같은 생각을 하지 않고 일에 집중할 수 있도록 돕는 것이 매니저의 역할입니다.

기본적으로 실무자는 영원하지 않은 일시적 동반자입니다. 그 관계는 몇 달, 몇 년, 길게는 수십 년이 될 수도 있겠지만 언제든 떠나는 것에 대비해야 합니다. 그래서 언제든 비슷한 스킬을 가진 사람으로 해당 역할을 대체할 수 있어야 합니다.

프로 축구선수를 생각하면 이해하기가 쉽습니다. 축구선수가 매 시즌, 어느 팀으로 이적할지는 선수 스스로도, 감독이나 구단도 예상하기 어렵습니다. 결국 현재 우리 팀 선수로 있을 때 최선의 퍼포먼스를 내도록 만들어야 합니다. 팀 분위기도 좋아야 하고 팀워크도 끈끈해야 하지만 이것은 인간적 유대라기보다는 전문가 차원의 유대여야 합니다.

그 과정에서 서로 맞지 않는 실무자들이 있다면 매니저의 신속한 개입과 결정이 필요합니다. 관계의 스트레스는 실무자들의 퍼포먼스를 저해하는 가장 큰 적이 될 수 있습니다. 두 사람의 퍼포먼스를 유지하기 위해서 두 사람을 떼어놓아야 하는지, 두 사람에게 서로의 입장을 이해시키고 신뢰감을 만들어야 하는지 빠르게 결정하고 실행에 옮겨야 합니다. 더불어 매니저는 실무자들끼리 직접 문제를 해결하는 일이 없도록 각별히 신경써야 하며, 모든 관계적 문제는 매니저를 통해 해결되어야 합니다. 그렇게 감정의 소모를 줄이고 모든 문제를 객관화합니다.

예를 들어, A와 B 사이에 갈등이 있다고 가정해보겠습니다. A는 위계적인 문화가 익숙하여 B를 아랫사람을 대하듯 하며, B는 그런 A가 불편합니다. 회사는 수평적인 문화를 추구한다고 말해왔고, B는 그러한 관계를 상상하며 회사에 들어왔습니다. 이러한 상황에서 여러 대책이 나올 수 있습니다.

- A에게 B와 대등하다는 것을 정확히 인지시키고 역할을 분명히 나눈다
- A와 B를 각각 다른 팀에서 일을 하도록 한다
- A와 B 사이에 신뢰관계를 쌓도록 도와주고 대화를 통해 문제를 해결하도록 한다
- A나 B 둘 중 하나를 해고한다
- A와 B의 관계를 상하관계로 확실히 규정하여 B가 시스템으로 받아들이도록 한다

모두 가능한 해결책이고 정답은 없습니다. 회사의 문화가 어떤 방향인지, A와 B 사이의 불신이 얼마나 큰지, 대화를 하다 싸울 가능성은 없는지, 이 사람들을 활용할 다른 팀이 있는지 종합적으로 고려해야 합니다. 대표를 포함한 모든 팀원이 대등하다고 생각하는 옥소폴리틱스에서 생각하는 이상적인 해결책은 위의 순서일 것입니다. 회사의 문화의 방향에 따라 둘을 전문가다운 관계로 정립시키는 것이 가장 좋은 해결책일 수 있고, 둘이 서로 맞지 않는다면 다른 팀으로 보낼 수 있습니다. 신뢰관계를 쌓는 것은 중요하지만 전문가의 영역이 사적 감정에 종속될 수 있는 부작용을 낳을 수 있으며, 회사의 문화를 희생하는 것보다 둘 중 한 사람 또는 둘 다 자신의 커리어 스타일에 맞는 곳에 갈 수 있도록 보내주는 것이 나을 수도 있습니다.

매니저는 늘 여유 있고 농담도 잘 하며 부드럽게 일을 진행하는 스킬이 매우 중요합니다. 짧은 시간에 상대방을 무장해제시키고 한 팀으로 만들어야 하기 때문입니다. 그리고 공과 사를 구분해서 진짜 친구가 되지 않도록 적정한 거리를 유지하는 것

도 중요합니다. 진심으로 상대방 커리어의 성공을 응원하고 돕지만 실무자의 부모나 친구, 삼촌이 되어서도 안 됩니다.

실무자 사이의 친밀감과 신뢰는 있으면 좋은 것이고, 그것이 없어도 그들이 전문가로서 기분 상하지 않고 함께 일할 수 있는 관계를 유지하는 한 큰 문제가 되지 않습니다. 그렇지만 실무자와 매니저 사이에는 깊은 신뢰가 있어야 합니다. 실무자가 회사 생활에 문제가 생겼을 때 가장 먼저 마음 터놓고 이야기할 수 있는 사람이 매니저가 되어야 합니다. 만약 이런 이야기를 하기에 가장 불편한 사람이 매니저라면 그 팀은 매니저가 모르는 사이에 안에서부터 곪아들어갈 수 있습니다.

우리나라에는 매니저를 윗사람으로 생각하고 아랫사람들끼리의 문제를 '고자질' 하는 것은 나쁜 것이라는 생각을 가진 경우가 있습니다. 매니저는 실무자가 감정 소모에 시간을 소모하지 않도록, 화나는 일이 있으면 들어줘야 하는 사람이고 문제 해결을 돕는 사람입니다. 상대방에게 부정적인 자세를 갖지 말라고 충고하기보다 신뢰가 깨진 상태를 객관적으로 평가하고 어떻게 감정 충돌 없이 해결할지 고민하는 사람입니다. 그래서 매니저는 실무자의 옆에서 늘 그들이 최고의 퍼포먼스를 내도록 돕는 비서, 코치, 감독이 되어야 합니다.

02
코치:
일을 통해 성장하도록 도와주는 사람

"옥소폴리틱스를 떠날 때 어떤 사람이 되고 싶으세요?"

실무자가 최고의 퍼포먼스를 발휘하기 위해서는 뚜렷한 동기부여가 필요합니다. 매니저는 실무자로 하여금 회사에서 필요한 것이 무엇인지, 그 일을 통해 스스로에게 어떤 성장의 기회가 있는지 끊임없이 알려주고 소통하는 사람입니다.

피아노를 연습하기 싫어하는 사람에게 연습을 시키는 방법은 두 가지가 있습니다. 바로 당근을 제시하거나 채찍을 드는 것입니다. 연습을 하면 얼마간의 보상을 제공하거나, 연습을 하지 않았을 때 정신적·육체적 스트레스를 주면 됩니다.

그런데 최고의 피아니스트가 되고 싶어하는 사람에게 피아노 연습을 시키기 위해서는 전혀 다른 방법이 필요합니다. 현재 어느 정도의 수준을 보유하고 있는지, 최고 수준에 이르기 위해서는 무엇이 필요한지를 정확하게 제시하고 피아노를 가장 잘 배울 수 있는 방법을 함께 연구하면 됩니다. 그것을 코칭이라고 합니다.

멘토링과 코칭은 차이가 있습니다. 멘토링은 나를 롤모델로 삼고 배우라고 하는 것입니다. 나와 같은 훌륭한 피아니스트가 되기 위해서 당신은 어떤 순서의 악보를 연습해야 한다고 가르쳐주는 것이 멘토의 역할입니다. 멘토는 자신의 지식을 전수하는 선생님이기에 제자에게 별로 질문을 할 필요가 없습니다. 제자에게 길을 제시하고 따르라 하는 사람이기 때문입니다.

반면, 코칭은 롤모델도 아니고 지식을 전수하는 사람도 아닙니다. 코치는 코칭을 받는 사람이 무엇을 원하는지 확인하고 현재의 상황을 파악한 다음 목표를 위해 어떠한 옵션들이 있는지 함께 고민하는 사람입니다. 코치는 윗사람이 아니며, 퍼스널 트레이너처럼 내 상태를 체크하고 내가 최고의 퍼포먼스를 낼 수 있도록 돕는 사람입니다. 그래서 코치는 늘 질문합니다. 무엇을 원하는지, 원하는 것이 변하지는 않았는지, 어떻게 새로운 목표로 다가갈 수 있을지 끊임없이 소통합니다.

옥소폴리틱스는 매니저에게 코치의 역할을 기대합니다. 각 실무자의 현재 상황을 파악하고 그들의 목표를 파악하며 그들이 어떻게 성장해 나갈지, 지금은 무엇을 할지 함께 고민합니다. 그렇게 해서 일일이 근태관리를 하고 일을 하는지 안 하는지 체크하지 않아도 성과를 내는 강한 동기부여를 합니다.

03
감독:
뛰어난 재능들의 조화를 만드는 사람

"우리 미션을 위해 어떤 포지션에서, 어떻게 기여하고 싶으세요?"

책임감이 있고 능력이 뛰어나며, 동기부여가 잘 된 팀원들이 있어도 그들의 조합이 팀의 미션과 일치하지 않으면 의미가 없습니다. 유능한 팀원들이 조화를 이루도록 전략을 제시하고, 미션에 맞게 팀을 구축하는 매니저가 필요합니다.

1) 실무자의 역할 vs. 매니저의 역할

프로 축구팀에서 선수의 첫 역할은 자신의 능력과 포지션을 파악하는 것입니다. 나의 강점은 무엇인지, 나의 강점을 발휘할 수 있는 포지션은 어디인지 알아야 합니다. 이후에는 창의적인 시야를 가지고 자신의 능력을 발휘하여 최고의 플레이를 만들면 됩니다. 또한 나와 호흡이 잘 맞는 동료 선수를 찾는 것도 중요합니다. 훈련과 경기를 같이 하면서, 서로의 움직임을 잘 예측할 수 있는 동료를 안다면 훨씬 좋은 퍼포먼스를 만들 수 있습니다. 실전에서는 자신에 대한 이해를 기반으로 본인이 드리블을 하여 돌파할 것인지, 동료에게 패스할 것인지, 혹은 기회를 노려 슈팅을 할 것인지 정확하게 판단해야 합니다.

이런 관점에서 실무자의 역할을 생각해 봅시다. '내가 어떻게 해야 미션을 이루어 갈 수 있을까?'라는 질문에서 출발하겠습니다. 옥소폴리틱스의 미션을 예로 들면, 나의 어떤 능력을 어떻게 끌어내어 '모든 사람의 모든 생각'을 끌어낼 수 있을지 고민하는 것입니다. 만약 스스로의 능력이 부족하다면, 내 미션을 위해서 누구의 도움을 받을 수 있을지, 누구에게 어떤 질문을 해야 할지 고려해 볼 수 있습니다.

축구팀과 마찬가지로 나와 협업이 잘 되는 팀원이 누구인지 아는 것도 필요합니다. 다양한 프로젝트를 진행하면서, 소통이 원활하고 피드백 반영이 뛰어난 팀원들을 알고 있다면 자신의 퍼포먼스 향상에도 도움이 됩니다. 더불어 본인에게 필요한 것이 소통하는 일인지, 내 일을 열심히 하는 것인지, 부서를 옮겨야 하는지, 혹은 퇴사하는 것인지 판단해야 합니다. 역할조직에서는 스스로 질문하고 생각하면서 선택할 수 있는 기회들이 있습니다. 반면 위계조직에서는 개인에게 실무자가 할 일을 지정해주기 때문에 창의성을 발휘하기 힘듭니다.

매니저의 역할은 조직의 안과 밖의 문제를 생각하며 실무자들이 최고의 퍼포먼스를 만들 수 있도록 돕는 것입니다.

다시 프로 축구팀을 살펴보겠습니다. 이곳에서 감독의 역할은 어떠한 전략을 통해 선수의 합을 만들지 고민하고 제시하는 것입니다. 그리고 시즌의 단계마다 팀 내부, 외부적인 것들을 결정합니다. 게임 내적으로는 상대하는 팀에 따라 어떤 전략을 채택할지, 전반·후반에 어떤 전술을 전개할지 고민합니다. 게임 외적으로는 시즌 전후 팀 리빌딩을 어떻게 할 것인지, 팀 운영 예산은 어떻게 조율할 것인지, 이적 시장에서 어떻게 협상을 진행할 것인지 등을 결정합니다. 팀의 안과 밖의 이슈들을 해결하며 최고의 팀을 만드는데 기여하는 것입니다.

역할조직의 매니저 역시 축구팀의 감독처럼 총체적인 것을 담당합니다. 실무자들이 어떤 능력을 가지고 있는지 전체적으로 파악하고, 팀원들을 어떻게 구성해야 우리의 미션을 가장 효율적으로 달성할 수 있을지 판단합니다. 팀 내적으로 갈등이 있으면 중재하는 역할을 하고, 충원해야 하는 포지션이 있다면 필요한 인재를 고용합니다.

또한 전체적인 방향과 속도 조절도 담당합니다. 프로덕트 개발 일정과 프로젝트의 속도를 조정하고, 팀원들에게 어느 시점에 어떤 메시지를 줄 것인지도 결정합니다. 팀의 미션을 이루기 위해 우리에게 어떤 자원이 필요하고, 그 자원을 어떻게 효율적으로 활용할 것인가를 고민하는 것 역시 매니저의 일입니다. 정리하면, 팀의 안과 밖을 총체적으로 조망하고 관리하는 역할인 것입니다.

피플 매니저 역할을 겸하는 사람들이 있어요. 저 같은 경우 세 분의 매니저 역할을 하고 있는데 일주일에 한 번 15분에서 30분 정도 1:1로 스트레스 받는 건 없는지, 요즘 건강은 괜찮은지, 업무상 힘든 부분은 없는지 이야기를 나눕니다.

저희는 보통 화상으로 싱크 회의를 하지만, 100% 비대면이다 보니 오프라인 공간에서 함께 수다 떠는 시간을 갖기 힘든데, 매니징 시간이 어느 정도 그 역할을 한다고 생각합니다. 저 같은 경우에는 매니저와 대화하는 시간이 멘탈 관리에 도움이 된다고 느껴요.

그런데 그 시간에 수다만 떠는 것도 아닙니다. 매니저는 '코칭'과 '문제 해결' 등의 업무를 하는데, 고민을 들어보고 제가 바로 해결할 수 있거나 먼저 경험한 부분이 있으면 '그럴 땐 이렇게 하셨으면 더 좋았을 것 같아요'와 같이 조언해드립니다. 이는 일하는 방법에 대한 것이 될 수 있고 커뮤니케이션에 대한 것이 될 수도 있어요. 호현 님이 보험회사 직원을 피플 매니저와 비교하신 적이 있는데 실제로 비슷해요. 엔지니어팀 A와 콘텐츠팀 B가 일을 하는 과정에서 감정이 상했을 때, 두 사람이 직접 해결하지 않고 서로의 피플 매니저한테 말하면, 매니저끼리 갈등 해결책을 찾아 A와 B에게 전달하는 방식입니다.

개인적으로는 계속 같이 일해야 되는 사람에게 내가 직접 불편함을 드러내지 않아도 되는 것이 좋은 포인트라고 생각합니다. 다른 팀원 때문에 너무 힘들고 직접 말하지도 못해 혼자 끙끙 앓을 수 있는데, 피플 매니저에게 '저 사실 요즘 이분이 자꾸 이런 말을 해서 업무를 하는데 스트레스 받아요'라는 이야기를 할 수 있는 시스템이 존재하니까요. 매니저는 각각의 팀원이 최고의 퍼포먼스를 내도록 돕는 사람이기 때문에 문제를 어떻게 해결할지 적극 고민하고 해결합니다. 반대로 내가 부정적 피드백을 받을 때, 나 때문에 감정이 상한 사람이 있는 그대로 쏟아내는 말을 직접 듣지 않고, 피플 매니저가 '감정'을 덜어낸 채 담백하게 전해주려 하니까 아무래도 기분이 덜 나쁘고 감정 소모도 덜하다고 생각합니다.

Chapter 7.

평가와
피드백

Chapter 7

평가와 피드백

"당신은 우리의 미션을 위해 무엇을, 어떻게 기여하셨나요?"

옥소폴리틱스의 미션 '모든 사람의 모든 생각'을 위해 자신이 어떤 일을 했는지 이야기하고 그에 맞는 보상과 승진을 함께 생각하는 시간이 '평가와 피드백'입니다.

평가와 피드백에 있어 '성실함'은 기준에 포함되지 않습니다. 성실함은 전문가에게 당연한 것입니다. 전문가는 회사를 위해 일하는 사람이 아니라 자신의 가치를 위해 일하는 사람입니다. 성실하지 않다면 전문가로서 인정받을 수 없습니다.

01
평가와 피드백의
순서

- 매니저에게 자신의 기여를 설명
- 팀원들에게 피드백 요청

- 매니저가 피드백을 취합해 정리하고 1:1로 전달
- 연봉 협상

1) 매니저에게 자신의 기여를 설명

우선 스스로 기업의 미션에 어떻게 기여했는지 이야기합니다. 반드시 수치화할 필요는 없지만, 가시적인 자료가 있다면 좀 더 명확한 피드백이 가능합니다.

2) 팀원들에게 피드백 요청

매니저는 해당 팀원에게 피드백을 받고 싶은 사람 3~5명을 지명하도록 요청합니다. 명단을 보고 매니저의 피드백을 거쳐 사람들을 추가하거나 제외해서 리스트를 구성할 수 있습니다. 리스트는 두 가지 기준에 따라 구성합니다.
- 직군에 관계없이 긴밀하게 함께 일한 사람으로만 구성합니다
- 업무 외의 정서적인 관계는 고려하지 않습니다

매니저는 지명된 사람들에게 피드백을 수집합니다. 피드백 폼에는 네 가지 기준에 따라 함께 일한 동료들이 해당 팀원의 기여를 어떻게 생각하는지를 포함시킵니다. 그리고 피드백을 취합하여 익명으로 최종 피드백 보고서를 만듭니다.
- Scope: 얼마나 큰 기여를 했습니까?
- Delivery: 약속대로 프로젝트가 완수되었습니까?
- Autonomy: 혼자서 주도적으로 할 수 있었습니까?
- Teamwork: 얼마나 다른 직원들이 더 잘 할 수 있도록 도와주었습니까?

각 실무자의 최종 목표를 파악한 다음, 그들이 현재 업무상 위치에서 현재 프로젝트를 계속 진행한다면 어떤 성과를 낼지 분석하고 가이드와 피드백을 전달하게 됩니다. 이때 필요한 것이 각 직군별 기대(Expectation)입니다.

처음 입사하면, 1개월 후 매니저가 구두로 피드백을 전달합니다. 지금 현재 상태로 계속 일을 하면 입사 후 3개월이 되었을 때, 어떤 피드백을 받을지에 대한 내용입니다. 퍼포먼스가 좋지 않을 경우, 1개월 후 계약 해지를 이야기하기도 합니다.

3개월 후에는 첫 피드백이 이루어지고, 재계약이 이루어집니다. 함께 일한 동료들은 처음 3개월 동안의 퍼포먼스를 바탕으로 피드백을 작성하고 매니저가 취합하여 전달합니다. 이때 새로운 레벨을 부여받고 연봉 계약을 합니다. 마찬가지로 이 과정에서 퍼포먼스가 좋지 않다면 재계약을 하지 않을 수도 있습니다.

첫 피드백 이후에는 1월과 7월에 피드백이 이루어집니다. 여름과 겨울 정기 피드백을 통해 지난 6개월의 퍼포먼스를 돌아보고 연봉과 직급을 재조정합니다.

3) 매니저가 피드백을 취합해 정리하고 1:1로 전달

최종적으로 매니저와 1:1 미팅을 통해 피드백이 전달되며 앞으로의 커리어 성장을 함께 계획합니다. 피드백 이후에는 매니저가 C-level 회의에 연봉 변경을 제안하며, 이후 따로 미팅을 잡아 피드백 내용과 연봉 변화 결과를 전달합니다.

4) 연봉 협상

평가를 통해 레벨에 비해 성과가 높다면 승진이 이루어집니다. 반대의 경우 강등되거나 회사를 떠날 수도 있습니다. 연봉은 레벨에 따라서 주어집니다.

02
각 레벨에 따른
기대수준

기본 범위

인턴: 1스프린트(일주일)를 위한 일(Tasks - Contractor)

주니어1: 1분기를 위한 일(Tasks). 태스크를 만들 수 있는 사람

주니어2: 반 년을 위한 일(Features). 태스크를 모아서 기능을 만드는 사람

시니어: 1년을 위한 일(Projects). 기능을 모아서 프로젝트를 만드는 사람

디렉터: 2년을 위한 일(Company-wide). 회사 전체의 방향성을 잡는 사람

Vice President: 5년을 위한 일(Industry-wide). 회사뿐 아니라 업계에 영향을 미칠 수 있는 사람

C-level: 회사 미래 전체를 생각하는 일. 회사와 업계 전체를 고려할 수 있는 사람

1) 엔지니어링 기대수준

인턴: 일주일 규모 프로젝트의 엔지니어링 기술 요구사항을 처리할 수 있다

주니어1: 여러 개의 컴포넌트가 모인 페이지 디자인 적용. 한 달 규모 프로젝트의 엔지니어링 기술 요구사항을 처리할 수 있다

주니어2: 새로운 페이지 구현(DB 연동, Cloud Functions 구현 포함). 한 분기 규모 프로젝트의 엔지니어링 기술 요구사항을 독립적으로 처리할 수 있다

시니어: 새로운 기능 구현(DB 설계, Cloud Functions 설계 포함). 반 년 규모 프로젝트

에서 엔지니어링팀 HR을 고려한 타임라인을 설정, 책임질 수 있다

디렉터: 1년 단위로 옥소폴리틱스 기술 방향성을 고려하며, 동 기간 규모 프로젝트에서 엔지니어링팀 HR을 고려한 타임라인을 설정, 책임질 수 있다

Vice President: 새로운 인프라 스트럭처 방향 제시. 2년 단위로 옥소폴리틱스 기술 방향성을 고려하며, 동 기간 단위 규모 프로젝트에서 엔지니어링팀 HR을 고려한 타임라인을 설정, 책임질 수 있다

C-level: 프로덕트 방향과 회사의 비전에 맞는 인프라 스트럭처 결정. 5년 단위로 옥소폴리틱스 프로덕트 방향과 회사 비전에 맞는 인프라 스트럭처를 결정할 수 있다

2) 콘텐츠 기대수준

인턴: 주어진 주제에 대해 콘텐츠를 만들 수 있다

주니어 1: 정해진 목적에 맞게 주제를 선정하고 콘텐츠를 만들 수 있다

주니어 2: 미션에 맞춰 목적을 설정하고 콘텐츠를 기획하고 만들 수 있다

시니어: 미션을 정확히 이해한 상태에서 현재 자원을 고려해 최선의 콘텐츠를 기획하고 개선할 수 있다

디렉터: 미션에 맞춰 향후 1년의 콘텐츠 방향과 목적을 정하고 이를 명확히 소통할 수 있다

Vice President: 산업의 흐름을 파악하고 미션에 맞춰 향후 2년 이상의 콘텐츠 방향을 결정할 수 있다

C-level: 미션과 콘텐츠 방향을 재고하고 결정할 수 있다

3) 디자인/프로덕트 기대수준

인턴: 주어진 컴포넌트를 디자인할 수 있다

주니어1: 디자인 시스템을 바탕으로 컴포넌트 및 페이지 디자인을 할 수 있다

주니어2: 프로젝트 단위에서 독립적으로 UX기획과 디자인을 할 수 있다

시니어: 프로덕트 전체를 고려한 프로젝트 단위의 UX기획과 디자인을 할 수 있다

디렉터: 프로덕트 전체의 UX 방향을 정립하고 디자인 시스템을 만들 수 있다. 1년 단위로 미션을 고려해 프로젝트의 방향성을 재고하여 제안할 수 있다

Vice President: 2년 단위로 미션을 고려해 프로덕트 방향성을 재고하여 제안할 수 있다

C-level: 5년 단위로 미션, 프로덕트 전체 방향성을 제고해 제안, 기획, 디자인할 수 있다

4) 마케팅 기대수준

인턴: 주어진 마케팅 프로젝트를 수행한다

주니어1: 주어진 마케팅 프로젝트를 수행하고 결과를 분석한다

주니어2: 가이드에 따라 마케팅 프로젝트를 기획하고 수행하며 결과를 분석한다

시니어: 미션을 고려하여 마케팅 프로젝트를 기획하고 수행하며 결과를 분석한다

디렉터: 미션을 고려하여 마케팅 전략을 수립하고 향후 1년의 프로젝트들을 기획한다

Vice President: 미션을 고려하여 최적화된 2년 이상의 마케팅 전략을 수립한다

C-level: 프로덕트의 철학, 미션, 방향성, 마케팅의 여부를 점검하고 전략을 수립한다

5) 피플 매니저 기대수준

시니어: 팀원들의 동기와 의욕을 관리하고 팀이 목표를 향해 잘 나아갈 수 있도록 한다

디렉터: 여러 팀을 구성하고 각 팀들이 함께 상호작용하여 더 큰 목표를 향해 잘 나아갈 수 있도록 한다

Vice President: 한 개의 직능 조직을 관리한다

C-level: 회사 전체를 관리하며 각 팀들이 미션에 맞게 기여하고 있는지 늘 고민한다

6) CEO 기대수준

- 비전을 수립한다

- 대외적으로 프로덕트를 알릴 수 있어야 한다

- 빈 곳을 찾을 수 있어야 한다

- 좋은 C레벨 인재들을(COO, CTO, CBO, CMO 등) 영입해야 한다

- 투자자들과 끊임없이 소통해야 한다

- 프로덕트 개발 일은 최소화한다

- 힘든 부분은 다른 구성원들과 최대한 나눠야 한다

진실 님의 이야기: 360도 피드백

360도 피드백은 1년에 두 번쯤 자신과 많이 일한 사람을 5명 정도 선택해서 익명으로 피드백을 받는 것입니다. 그래서 이 사람이 미션에 얼마큼 기여를 했는지, 팀워크에는 얼마큼 기여를 했는지, 커뮤니케이션 방식은 괜찮았는지 평가해요.

360도 피드백의 목적은 '너 이거 못해'와 같은 것을 말하고자 하는 게 아니라 '이렇게 하면 잘할 수 있겠는데'처럼 발전을 위한 제안을 던지는 것입니다. 그런 피드백을 통해 내게 부족한 부분을 채울 수 있게 됩니다. 어떻게 보면 개선할 점에 대해 굉장히 냉철한 글을 받습니다. '이런 부분은 이래서 아쉬웠다. 이런 식으로 개선되어야 한다'라는 식입니다. 이런 이야기를 꺼내기에 정서적으로 불편하니 그냥 눈감고 지나치는 것보다는, 피드백을 통해 서로 조심하고 보완할 부분을 확인할 수 있다는 점이 좋습니다. 내가 몰랐던 업무상 장단점을 깨닫고, 스스로 아쉬웠던 부분에 대해 동료들이 제시하는 해법을 참고해 발전의 밑거름으로 삼을 수 있습니다. 내 역량에 대한 데이터가 확보되는 겁니다.

그리고 나에게 오는 피드백이 중요한 만큼 내가 다른 사람들에게 쓰는 피드백도 많은 정성이 들어갑니다. 다른 동료들에게 '어떻게 하면 도움을 줄 수 있을까'라는 고민을 하게 됩니다. 이 주제로 팀원들과 이야기하다 보면 대부분 '생각보다 쓰기 어렵다'라는 말씀을 많이 합니다. 그만큼 다들 진심으로 쓰고 있다는 생각도 들고, 덕분에 서로 발전할 수 있는 피드백이 되는 것 같습니다.

윤하 님의 이야기: 나의 기여

저는 두 가지 좋은 피드백을 받았습니다. 하나는 온보딩 시스템을 만든 것이고 다른 하나는 QA 문화를 만든 것이었습니다. 온보딩 시스템 같은 경우, 저는 스트레스를 받으면 정리하는 습관이 있어서 어지러운 옥소의 문서

들을 한번 정리해야겠다고 생각했는데, 이렇게 시작된 게 템플릿 만들기였습니다. 여러 팀원들과 '옥소 온보딩 체크리스트', '회사 소개서'를 노션으로 만들었는데 '요즘은 MBTI를 통해 멤버들 소개도 한다. 그런 것도 좀 해야 된다'라는 이야기도 하면서 즐겁게 만들었던 기억이 납니다. 특히 옥소는 노션을 자주 이용합니다.

QA 문화와 관련해서, QA 파트는 일하다 보면 결과물을 확인할 때 다양한 데이터를 활용해야 하는데, 기획자와 엔지니어가 제각각 다른 이야기를 할 때가 있습니다. 그래서 다같이 확인하고 공유할 기준을 만들었으면 좋겠다고 생각해 체계를 만들게 되었습니다. 최근에는 개발자와 같이 기획서를 작성하는 노트를 만들었습니다. 문서에 파묻혀 일하다 보면 가끔 힘들긴 하지만 결과적으로 다같이 활용할 수 있는 툴을 만든다는 보람이 있습니다.

Epilogue.

옥소와 헤어질 때

Epilogue.

 더 좋은 기회를 찾아 떠나도 좋습니다

커리어의 성장은 옥소에서 끝나는 것이 아닙니다. 옥소폴리틱스에 뼈를 묻을 수도, 묻을 필요도 없습니다.

옥소폴리틱스는 팀원과 함께 미션을 향해 달리면서 성장합니다. 옥소는 미션을 구현함에 따라 다양한 비즈니스 모델과 프로덕트를 만들게 될 것이며, 팀원도 자신의 커리어를 키우며 옥소와 함께 미션을 이룰 수 있습니다. 그러나 나만의 영역을 더욱 확장하기 위해 옥소에서 떠날 수도 있습니다. 자신의 강점과 능력을 더욱 성장시킬 수 있는 필드가 보인다면 떠나도 좋습니다.

옥소는 당신의 새로운 여정을 응원합니다. 옥소에서 일하는 동안은 커리어 코칭을 담당하는 매니저가 당신이 더 성장해서 잘 떠날 수 있도록 도와줄 것입니다. 자신의 커리어 골은 무엇인지, 커리어의 마일스톤을 어떻게 설계할지 등을 매니저와 함께 이야기할 수 있습니다. 구성원의 목표가 어떤 기업이나 업계의 특정 레벨이 되는 것이라면, 옥소는 장단기 목표를 수립해 지금 해야 할 것, 지금 만들어야 할 것 등의 액션 아이템을 알려줄 수도 있습니다. 또한 성장을 위해 어떤 포트폴리오를 만들어야 하는지, 언제 옥소에서 떠나서 레벨 업을 하는 것이 좋은지도 조언할 수 있습니다.

흔히 '기업에 뼈를 묻는다'는 표현이 있습니다. 옥소는 뼈를 묻을 수도, 묻을 필요도 없습니다. 구성원이 퇴사하지 않았지만 옥소가 사라질 수도 있습니다. 결국 어느 시점에는 헤어지는 순간이 올 것입니다. 그래서 옥소는 당신에게 충성을 요구하지 않습니다. 옥소에서 기여하면서 자신의 능력을 키우고, 자아실현을 위한 방향을 정하면 됩니다.

그리고 '뼈를 묻는' 태도를 갖는다고 해서 좋은 피드백을 받는 것도 아닙니다. 당신은 옥소의 전문가 동료이지, 충실한 부하 직원이 아니기에 충성할 필요가 없습니다. 옥소는 당신의 인생을 책임지지 않습니다. 회사에 뼈를 묻으려고 하다보면, 자아실현과 괴리가 생기거나 번아웃이 올 수 있습니다.

옥소와 당신의 관계는 '결혼'이 아니라 '연애'입니다. 더 나은 인연이 있다면 언제든 떠날 수 있습니다. 더 나은 인재를 위해 당신을 떠나보낼 수도 있고, 더 나은 보상을 위해 당신이 떠날 수도 있습니다. 옥소에서 일하는 구성원도 어느 시점에는 퇴사할 것입니다. 물론 자신의 자아실현과 옥소의 미션이 부합한다면 당장 다른 곳으로 떠나지 않아도 되지만, 옥소에자신을 맞추는 것이 아니라 더 좋은 기회는 없는지, 지금 이곳에서 나의 목표를 이루기 위해 어떤 역할을 해야 하는지, 현재 내가 이곳에 왜 있는지, 이 일을 하는게 어떤 의미를 갖는지 등의 문제의식에 초점을 두고 있어야 합니다.

02 마지막까지 전문가의 모습을 보여주십시오

퇴사하는 마지막 날까지 전문가다운 모습으로 최선을 다해 주시길 바랍니다. 퇴사가 결정되었더라도 전문가는 마지막까지 최선을 다합니다. 전문가는 돈을 받은 만큼 책임지고 일하는 사람입니다. 옥소가 구성원에게 주는 보상 이상을 요구하지 않는 것처럼 구성원 역시 옥소에게 받은 보상만큼 책임지고 일해야 합니다. 퇴사하는 날까지의 업무 시간도 전문가로서 책임져야 하는 약속입니다.

이직이 결정된다고 해서 남은 기간의 업무가 자신과 무관한 것이 되는 것은 아닙니다. 전문가는 자신의 커리어를 위해 일하는 사람입니다. 인수인계를 통해 포지션 공백 문제가 발생하지 않도록 만드는 것도 자신의 커리어에 포함됩니다. 이것은 도의적인 문제가 아니라 전문가라면 당연히 해야 할 일입니다.

인수인계를 할 때, 본인이 맡은 프로젝트 부분의 진행 상황과 일정은 문서로 공유해야 합니다. 각자 전문가로서 자신이 맡은 부분을 책임지는 것도 중요하지만, 프로젝트는 함께 일하는 것이기에 정보 공유가 중요합니다. 다른 팀원들은 당신이 제시한 약속과 결과물을 고려하여 함께 프로젝트를 만듭니다. 그러나 필요한 정보들이 후임자에게 전달되지 않은 상태로 공백이 발생하면 프로젝트 진행에 문제가 생깁니다.

옥소와의 인연이 여기서 완전히 끝나는 것은 아닙니다. 이후에 이직한 곳에 추천서를 쓸 수도 있고, 서로에 대한 피드백을 교환할 수도 있습니다. 장기적으로 좋은 관계를 유지할 수 있도록 전문가다운 모습을 보여줘야 합니다.

그리고 언제든지 '떠날 수 있도록' 준비하길 바랍니다. 옥소의 팀원들은 각 영역에서 전문가 역할을 수행하기 때문에 프로젝트에 참여한 인원은 모두 핵심 구성원입니다. 그런데 사고로 핵심 인원의 부재가 발생하면, 역할에 공백이 발생하여 프로젝트가 중단될 수도 있습니다. 이러한 손실을 최소화하기 위해서는, 자신의 역할에 필요한 정보와 기능을 팀에게 공유하여 역할의 부재에 대비해야 합니다.

떠난다는 것은 단순히 이직이나 퇴사만을 의미하지 않습니다. 일을 하다보면 의도치 않게 사고가 발생할 수도 있고 건강에 문제가 생길 수도 있으며 휴식이 필요할 수 있습니다. 혹은 육아휴직을 하거나 생활권역을 옮길 경우도 발생합니다. 퇴사하는 상황이 아니더라도 항상 팀 내에서 공유 문서 혹은 사내 위키 등을 활용하여 정보와 기능을 공유하길 바랍니다.

03 함께 할 때도, 떠났을 때도 서로를 응원합니다

옥소폴리틱스의 구성원들은 함께 할 때 서로에게 최선을 다하고, '졸업'하고 떠나가셔도 서로에게 최선을 다하는 관계입니다.

옥소에서는 퇴사를 '졸업'이라고 이해합니다. 떠나는 목적이 잠깐의 휴식일 수도 있지만, 커리어 성장을 위한 새로운 출발이 될 수 있으니 떠날 때 꼭 모두에게 인사해주길 바랍니다. 함께한 동료로서 옥소의 졸업을 같이 축하하는 시간은 중요하며, 함께 일하며 경험했던 점들, 옥소를 통해 성장할 수 있었던 점들을 공유해주시면 더 좋습니다.

옥소를 졸업한 이후에 옥소에서 배우고, 만든 것들을 전파할 수도 있습니다. 옥소에서 경험한 조직문화를 새로운 필드에 정착시킨다면 이것 역시 자신의 리더십 커리어가 될 수 있습니다. 옥소에서 경험한 역할조직과 애자일 문화를 응용하여, 새로운 필드의 혁신에 기여하는 방식으로 자신의 가치를 높이는 것입니다.

또한 다른 필드에서도 옥소 네트워크의 일원으로 꾸준히 소통할 수 있습니다. 자신의 자아실현을 위해 떠나는 것이기 때문에 굳이 적이 될 필요는 없습니다. 졸업한 이후에도 옥소의 네트워크 안에서 호혜적 관계를 지속하는 것이 가능하며, 다른 필드에서 옥소의 역할조직에 적합한 인재를 발견하고 옥소를 추천해줄 수 있습니다. 이러면 장기적으로 옥소의 네트워크를 더욱 확장할 수 있게 됩니다. 이를 통해 자신의 네트워크도 확장되는 효과를 얻을 수 있기 때문에 장기적인 커리어 구축에 도움을 받을 수도 있습니다.

대우 님의 이야기: 지금까지의 기여와 앞으로의 비전

저는 계속 제 기술을 발전시켜 도태되지 않기 위해 노력했습니다. 10년 전에는 PHP 언어를 썼는데, 이제 오래된 언어가 돼버렸고, 요즘은 리액트라는 언어를 사용합니다. 시대가 계속 변하기 때문에 새로운 언어를 계속 공부하는 겁니다. 이렇게 제가 가진 경험치와 기술력으로 새로운 사업에 접목하고 싶습니다.

옥소의 엔지니어팀은 호현 님과 저를 시작으로, 지금은 규모가 크게 늘었습니다. 팀 빌딩은 옥소에서 제가 배운 것이기도 하고 이룬 것이기도 합니다. 재정이 넉넉하지 않은 옥소 초기에, 엔지니어는 대부분 주니어를 채용했습니다. 그래서 예산을 많이 아낄 수 있었습니다. 시니어 엔지니어를 뽑았으면 편하겠지만 시니어 엔지니어의 연봉은 높고, 저와 호현 님이 그 역할을 어느 정도 커버할 수 있었기 때문에 가능한 일이었습니다. 그렇게 해서 정말 좋은 인재들과 팀 빌딩을 할 수 있었습니다.

그리고 옥소 앱 자체를 새로운 언어인 '플러터'로 만들어낸 것도 좋은 선택이었습니다. 앞으로 대세가 될 것 같은 언어를 채택해서, 앱을 만드는 것에 자부심을 느끼고 있습니다. 앞으로는 그 기술로 더 성장하고 싶은 마음입니다.

앞으로 도전하고자 하는 영역은 그동안 제가 혐오했던 부동산 업계입니다. 그곳에 IT 기술을 접목하고자 합니다. 사실 부동산의 영역은 제가 실패했기 때문에 싫어했습니다. 빠르게 판단해서 투자해야 했는데 그러지 못했고, '우리나라 부동산은 미친 거야. 이건 말도 안 돼'라는 식으로 비관만 하다가 어느새 루저가 되어버렸습니다. 화는 나는데 뭐라고 할 수는 없었어요.

이제 제가 도전하는 영역은 부동산 가운데에서도 '코리빙'이라는 일종의 공유 기숙사입니다. 20층짜리 건물을 작게 분할해서 월 60만 원에 공유 기숙사를 제공합니다. 프라이빗 공간과 공용 공간이 구별되어 있는데, 영화관, 헬스장, 도서관, 회의실 등의 공용공간이 아주 고급스럽습니다. 퀼리티가 좋은 호텔 같은 곳에 기존 월세 개념으로 사는 형태입니다. 저는 이것이 지금 필요한 영역이라고 생각합니다. 평범하게 직장인으로 살면서 집을 사기 어려운 시대가 되었으니 이것이 대안으로 제시될 수 있다고 봅니다. 이러한 시설이 활성화되어 사람들이 집을 사지 않기 시작하면, 집값이 정상화될 수 있고, 일반적인 직장인들이 다시 집을 살 수 있는 시대가 올 수 있겠다는 기대가 있습니다.

이런 기대감에 IT 기술을 접목해보고자 이직을 결정했습니다. 사실, 연봉도 이직의 이유 중 하나였는데, 많은 연락을 받았지만 옮기고자 하는 곳은 제 미션과 정말 잘 맞을 것 같다고 생각해 결정했습니다.

비즈니스의 시작점은 'Pain Point'를 찾는 것이라 생각합니다. 이 시대에 사람들이 힘들고 괴로워 하는 영역을 찾고 그것을 비즈니스로 만드는 것인데 누군가 그것 때문에 고통받고 있다면 해결을 위해 돈을 쓴다는 것이 핵심입니다. 개인도 마찬가지라고 생각합니다. 저는 정치를 혐오하는데, '내가 어떻게 할 방법이 없지만 저 사람과 함께라면 할 수 있을 것 같다'고 생각해 옥소에 오게 되었고, 부동산 역시 '나는 아무 지식이 없지만 성공적으로 부동산 사업을 하고 있는 곳에서 IT 기술을 필요로 하니, 그곳에 참여한다면 내가 싫어하던 영역에서 대안을 만들 수 있지 않을까?'라는 기대감으로 도전하는 겁니다. 저는 그것 때문에 일하고 있습니다.

호현 님의 이야기: CTO 고대우 님을 떠나보내며

옥소폴리틱스 창업 초기, 저는 CEO와 CTO 역할을 겸임하고 있었습니다. CTO라기보다는 혼자서 코딩을 다 하는 1인 엔지니어링팀에 가까웠습니다. 저는 7년간 백엔드 엔지니어로 일해왔기에 프론트엔드와 모바일 경험이 전혀 없었습니다. 그래서 프론트엔드 쪽은 제가 리액트를 배워가면서 헤쳐나갔지만, 네이티브 모바일 앱은 꿈도 꾸지 못하는 상황이었습니다. 웹 기반 앱 정도를 만드는 정도가 고작이었는데, 아무래도 웹 기반 앱은 사용성이 좋지 않았습니다.

창업한 지 4개월 정도 되었을 때, 다른 기업의 CEO이신 고대우 님을 만나게 되었습니다. 대우 님은 플러터 전문가이자 모든 플랫폼을 다루실 수 있는 해커였습니다. 대우 님은 저에게 역할조직을 적용하기 위한 기업문화 자문을 구하러 오셨었는데, 저희 상황을 말씀드렸더니 뜻밖에도 CTO로 합류하시겠다는 말씀을 해주셨습니다. 당시 저희는 CEO 연봉도 3,000만 원이 채 안 되었는데, 그럼에도 대우 님은 초반에 연봉을 거의 받지 않더라도 옥소와 함께하고 싶다고 하셨습니다.

대우 님께서 옥소에 합류하시면서 얻고 싶다고 하신 것은 두 가지였습니다.

- 실리콘밸리식 역할조직을 체험하고 체화하고 싶다
- 실리콘밸리 엔지니어만큼 연봉을 받는 사람이 되고 싶다

저는 첫 번째는 확실히 경험하고 실리콘밸리 회사들보다 더 좋은 기업문화를 함께 만들어 갈 수 있을 것이라고 약속했습니다. 그리고 두 번째는 제가 당장 그만한 연봉을 드리기는 쉽지 않겠지만 시장에서 가치 있는 전문가가 될 수 있도록 하겠다고 약속했습니다. 다소 주제넘고 과감한 말처럼 들릴 수 있지만, 사실 스타트업에 들어오면서 문화를 함께 만들어가고 많은 것을 배워 새로운 레벨의 몸값을 만들 수 없다면 합류할 이유가 없는 것이기에 당연한 약속이었습니다.

이후 대우 님은 눈부신 기여를 하셨습니다. 플러터를 도입하여 세 달 만에 옥소폴리틱스 안드로이드/iOS 네이티브 앱을 만들었고 파이어베이스를 십분 활용하여 생각보다 어려웠던 푸시알림 시스템을 함께 설계하고 완성하였습니다.

그리고 리더십을 발휘해 엔지니어링팀을 크게 키워냈습니다. 엔지니어링 문화와 기본 규칙을 잘 정립해 신규 직원이 와도 쉽게 적응할 수 있게 했고, 옥소의 문화를 처음 경험하는 이들에게도 우리 문화를 잘 설명해, 시키는 것을 하는 사람이 아니라 주도적으로 자신의 커리어를 위해 일하는 사람들로 바꾸었습니다.

덕분에 옥소폴리틱스의 엔지니어링팀은 근태관리 같은 것을 하지 않아도 최고의 퍼포먼스를 낼 수 있는 팀이 되었습니다. 모두 재택을 하며 무제한 휴가 상태로 일하면서도 퍼포먼스 관리는 최고 수준이었기에, 옥소폴리틱스의 웹과 앱이 지금의 발전된 모습이 될 수 있었다고 자부합니다.

1년 반 정도가 지나고, 이제는 대우 님이 연봉을 제대로 받아야 하는 상황이 되었습니다. 처음에 비해 많이 드리고 있지만 대우 님의 실력에는 한참 미치지 못하는 금액을 드리고 있었습니다. 그래서 다른 회사 인터뷰를 권했습니다. 인터뷰를 보셔서 저희가 감당할 수 없는 연봉을 제안받으면 이직을 하고, 그렇지 않다면 최대한 맞춰 드리겠다고 말씀드렸습니다. 그리고 대우 님은 몇 번의 인터뷰만에 저희가 드릴 수 있는 것보다 훨씬 많은 연봉을 제안받았습니다. 그러면서 저는 마음의 짐을 조금이나마 내려놓을 수 있었습니다. 첫 번째 약속은 지금까지 지켜왔지만, 이제 두 번째 약속까지 지킬 수 있게 되었습니다.

대우 님을 떠나보내는 것은 분명 우리 엔지니어링팀의 기둥이 뽑히는 일입니다. 그렇지만 그동안 다른 엔지니어들이 많이 성장했고 저와 리드 엔지니어들이 힘을 합친다면 그 빈자리를 메꿀 수 있다고 생각했습니다.

대우 님은 오히려 당황스러워했습니다. 혹시나 저와 우리 팀의 관계가 어그러지

지는 않을까, 옥소폴리틱스가 엔지니어링 측면에서 많이 힘들어지지 않을까 하는 걱정이었습니다. 실리콘밸리에서의 경험을 생각해보면 그러한 걱정들은 사실 어색한 일이라 생각했습니다. 저는 트위터와 에어비앤비의 Alumni, 즉 졸업한 동문입니다. 트위터와 에어비앤비의 배신자나 먹튀, 능력이 없어서 잘린 사람이 아니고, 트위터와 에어비앤비를 거친 가족입니다. 지금까지도 실리콘밸리 친구들은 전 회사에서 일한 동료들이며, 매니저들도 물론입니다. 아직도 저는 네트워크 안에서 실리콘밸리 생활을 하고 있으며, 저를 규정하는데 있어 이전 회사들은 큰 부분을 차지하고 있습니다. 그리고 문서화와 인수인계를 잘 하면 제가 떠나는 것이 다른 사람들에게 새로운 기회가 되는 경우도 많았습니다.

대우 님은 이제 옥소폴리틱스를 졸업하게 되었습니다. 옥소폴리틱스에서 배울 것이 있어 오셨던 대우 님은 엄청난 퍼포먼스를 보여주며 옥소를 한 단계 업그레이드했지만, 그동안의 경험으로 옥소폴리틱스가 감당할 수 있는 것보다 더 큰 전문가가 되어 새로운 곳에 기여를 하러 가게 되었습니다.

졸업 동문은 늘 우리와 함께합니다. 제가 잘 되고 좋은 이야기를 많이 만들어내면 모교인 연세대학교에도, 거쳐왔던 트위터와 에어비앤비에도 긍정적인 영향을 미칠 수 있는 것처럼 대우 님이 더 멋진 모습을 보여줌에 따라 옥소폴리틱스의 이름도 함께 성장할 것입니다. 그리고 대우 님을 보고, 대우 님의 이야기를 듣고 옥소폴리틱스에 합류하는 분들도 많이 생기지 않을까 기대해봅니다.

이제 옥소폴리틱스를 졸업하는 우리의 CTO 고대우 님께 축하와 감사를 드립니다. 그리고 앞으로 옥소폴리틱스와 따로, 또 함께 성장하시길 기원합니다.

옥소 플레이북

초판 1쇄 발행	2023년 4월 15일
지은이	유호현
엮은이	채민재
발행처	이야기나무
발행인/편집인	김상아
기획/편집	장원석
홍보/마케팅	장원석, 이정화, 전유진
디자인	조움커뮤니케이션즈
	모디팩토리
인쇄	삼보아트
등록번호	제25100-2011-304호
등록일자	2011년 10월 20일
주소	서울시 마포구 연남로13길 1 레이즈빌딩 5층
전화	02-3142-0588
팩스	02-334-1588
이메일	book@bombaram.net
블로그	blog.naver.com/yiyaginamu
인스타그램	@yiyaginamu_
페이스북	www.facebook.com/yiyaginamu
ISBN	979-11-85860-61-9 [03320]
값	19,500원